# 가난의
# 문법

**일러두기**

이 책은 서울연구원 '작은연구 좋은서울' 연구사업의 결과인 〈폐지수집 여성노인의 일과 삶〉(2015), 〈가난한 도시노인과 지역 내 자원의 흐름〉(2016)을 기초로 작성되었습니다.

# 가난의
# 문법

## 소준철

푸른숲

# 차례

프롤로그 9

# 프롤로그

한국사회에서 가난의 모습은 늘 변해왔다. 전쟁이 끝난 후 갈 곳 없는 고아의 모습에서, 텔레비전 드라마에 나온 달동네의 모습과 IMF 위기 이후 노숙인의 모습을 거쳐 리어카를 끄는 사람들(특히 노인들)의 모습으로. 가난의 모습은 늘 바뀔 것이다. 다음에 올 '가난'이 어떤 모습인지 그 누구도 알지 못한다.[1]

이 사회에서 가난한 사람들의 비중이 가장 높은 건 현재의 노인 세대로, 노인들의 가난은 그 구조가 복잡하게 꼬인 산물이다. 지금의 일부 노인들은 사회보험 제도가 정착하기 전에 노인이 되어버렸다. 그리고 종사하던 업종이 노화되어 생계가 어려워졌거나, 가족의 문제로 모은 돈을 날린 경우도 있다. 게다가 노인이 된 상태서 생계를 위한 유일

한 자구책은 노동뿐이지만, 사회적으로 노인의 노동을 금
(禁)하기만 할 뿐, 이에 대한 지원은 딱히 없다. 이런 상황에
서 노인들은 생존을 위해 자연스레 제도 바깥의 노동으로
향할 수밖에 없다. 이렇게 만들어진 생존 경로가 바로 폐지
를 줍는 일(재활용품 수집 노인의 등장)이다.

재활용품을 주워 팔아 생계를 꾸려나가는 일이란 비단
한국만의 문제는 아니며, 근대 자본주의가 등장한 대개의
국가에서 발견할 수 있는 하층민의 일이다. 우리말로 '재활
용품 수집인 국제 연맹'[2]이란 네트워킹 그룹이 존재하며, 여
기에는 미국, 캐나다, 프랑스, 이탈리아, 세르비아, 베냉, 세

---

**1** 여기서 말하는 가난한 모습이란 멀리서 바라본 가난이다. 가난은
통계로 전 국민을 늘어놓은 후, (흔히 빈곤선이라 불리는) 일정한 기준 아래의
사회계층을 가리킬 때 쓰는 말일 뿐이다. 통계와 달리 가난을 이루는 것들 가
운데 절대적이며 일반적인 조건은 없다. 가까이에서 본 가난의 모습은 이랬
다. 사람마다 겪었던 일이 달랐고, 대개는 우연한 선택으로 인한 것이었다. 그
리고 가난한 처지에 있는 사람이 늘 위태롭고, 한심하고, 괴로운 마음을 갖고
사는 건 아니었다. '가난하지 않은' 사람과 마찬가지로 '희노애락(喜怒愛樂)'이
있다. 다른 건, 극악한 감정이 아니라 가진 '자원'의 양과 형식의 문제다.

**2** Global Alliance of Waste Picker, https://globalrec.org

네갈, 카메룬, 콩고, 말리, 남아프리카공화국, 가나, 케냐, 우간다, 인도, 방글라데시 등의 조직들이 결합해 있다. 선진국과 후진국의 구분을 떠나, 재활용품 수집이란 여느 도시에나 존재하는 '보이지 않는 일'이다. 우리에게 문제적인 이유는 바로 이 일을 하는 이들이 '노인'이라는 데 있다. 노인들의 이 일은 아주 잠깐 우리의 눈앞을 스쳐갈 뿐이고, 우리는 그때 포착한 이미지로 그들을 판단하게 된다. 어디에나 있는, 그렇지만 어디에서나 보이지 않는 이 일을 알 때, 우리는 사회의 가려진 부분을 이해할 필요를 느끼게 될 것이다. 우리의 생활이 누구에게 영향을 미치고 있는지, 그리고 우리가 누구에게 기대어 살고 있었는지 말이다.

이 재활용품 수집 노인 가운데서, 우리는 여성노인을 자주 접하게 된다. 그래선지 대중문화에 나오는 '가난한 노인'의 모델이란 대부분 리어카를 끌며 재활용품을 줍는 여성노인이다. 이 모델은 예술가의 관찰과 직감으로 상상된 존재겠지만, 사실 여성노인은 위험이 집중되는 존재들이다. 이들은 남성에 비해 직업 경력이 부족하며, 사회의 주변부

일자리 외에는 가질 수 없다.

이러한 문제가 발생하는 이유는 여성과 남성의 생애경로에 차이가 있기 때문이다. 조사에서 만난 노인들을 돌아보면, 남성노인은 '출생'에서 '진학(초등-중등)'에서 '취업'과 '결혼'과 '은퇴'로 이어지는 사회적 경로를 거쳐 나이 들지만, 여성은 '출생'에서 '진학(초등)' 이후 잠깐의 '취업'과 '결혼'과 '육아'를 거쳐 '자녀와의 분리'로 이어지는 개인화되는 경로를 거친다. 여성노인들은 남성인 파트너와 그의 임금에 의존하는 방식으로 생활이 재편되었고, 그렇지 않은 경우라면 제도에서 벗어난 '시장'의 변방에 나가 직접 생계를 꾸려나가야 했다. 현재의 여성노인들은 직접 임금노동자가 될 기회가 별로 없었고, 이로 인해 경력과 숙련이 없는 상태였다. 다시 말하자면, 가난한 여성노인은 이전의 한국사회가 만들어낸 결과물이다. 여성 생애의 목표를 남편에 대한 내조와 자녀의 양육으로 삼게 하고, 따라서 교육을 받고 직업을 가질 기회를 갖지 못하게 했던 결과인 것이다.

재활용품 수집 노인, 그중에서도 여성노인에 대한 책

을 쓰는 이유는 단순하다. '가난'을 박멸할 수 있다는 정치적 선언도, '가난'을 무조건 긍정해야 한다는 낭만도 아니다. 정책을 구상할 수 있는 능력이 없는 필자의 처지에서, 이 책은 가난한 삶의 경로와 우연하지만 필연적이었던 구조들을 가시화하는 역할을 할 뿐이다. 그렇기에 독자들에게 할 수 있는 말은 단순하다. 재활용품을 수집하는 노인들이 그런 일과 생활을 하게 된 원인이 개인의 잘못만은 아니라는 것이다. 더 나아가 이 책에서는 재활용품 수집이라는 '재활용 정책' 및 '재활용 산업'의 일부와 가난한 노인의 삶 간의 관계를 파헤치려 시도했음을 밝힌다. 한 개인의 삶은 국가, 산업, 심지어는 같은 동네 주민인 우리들의 영향을 받아 이뤄지는 것임을 우선 염두에 두어야 한다. 그러고 나서 가난한 노인들을 둘러싼 복합적인 요소들을 하나씩 따져볼 것이다.

이 책에서 사용하는 몇 가지 단어들에 대해 설명하겠다. 필자는 '가난'이란 단어를 주로 사용하려 한다. 일상적으로 '가난'과 '빈곤'은 같은 뜻으로 사용된다. 그러나 이 둘

사이에는 약간의 차이가 있다. 가난이란 '간안(艱難)', 어려울 간과 어려울 난을 합친 두 자를 어원으로 둔다. 이로부터 파생된 건 '가난(家難)'으로 "집안의 재난"이거나 그 상태를 말한다. 빈곤(貧困, poverty)이란 "가난하여 곤한 상태", 다르게 말하자면 "가난하여 살기가 어려운 상태"를 말한다. 둘은 같은 의미를 지닌 것으로 여겨지지만, 사회과학자들은 이 둘을 다르게 쓴다. 경험적으로 '가난'은 현상을 묘사할 때 사용하며, '빈곤'은 분석에 동원한다. '가난'은 문학작품과 실생활에서 개인과 가족의 처지를 묘사할 때 주로 사용됐다. 반면에 '빈곤'은 서구의 사회사업에서 확립된 의미이며, 19세기 말에서 20세기 초까지 영국에서의 '절대적 빈곤'과 생존을 위한 사회물리적인 능력을 키우기 위한 시도에서 개념화됐고, 이후 '빈곤선', '상대적 빈곤', '빈곤율', '1차 빈곤', '2차 빈곤' 등의 개념으로 확장됐다. 그러나 '빈곤'은 세세한 사정보다 국가 차원에서의 '일반적 경향'을 가리킨다고 여겨진다. 그렇기에 이 책은 '가난'이란 용어를 주로 사용하며, 가난은 하나의 현상으로 이를 둘러싼 여러 구조가 존재한다고 전제한다. 그리고 개인과 가족의 필연적이거나 우연한 구조에서의 선택이 존재했으며, 이로 인해 이행되어 온 경로가 있다는 걸 말하려 한다.

그다음으로 '재활용품 수집 노인'이란 단어다. 지난 몇 년간의 조사를 통해, '폐지 줍는 노인'이란 사회적 호칭의 한계를 느끼게 됐다. 우선 그/녀들은 폐지만을 줍는 게 아니며, 재활용이 가능한 폐품을 줍는다. 다시 말하자면, 그/녀들은 국가와 산업이 산정한 재활용 체계의 말단에서 '재활용' 가능한 폐품을 수집하여 판매하는데, 이는 폐품을 재활용 체계로 밀어 넣는 비공식적인 현상이다. 단순히 '폐지 줍는'이라고 표현할 때, 이 현상의 문제를 은폐하고 개인의 문제로 따지게 만드는 상황이 발생한다. 게다가 그/녀들은 폐품을 줍고, 또 판매하며 생계를 유지한다. 그렇기에 사실 '재활용품 수집인'이라 불러야 마땅하겠다. 그래야 '수집'의 문제뿐만 아니라 '판매'에서 발생하는 문제까지도 아우를 수 있다. 그렇기에 폐지 수집 노인 대신 '재활용품 수집 노인'이란 말을 사용하며, 다음의 정의를 기초로 한다: '몸과 마음이 불안정한 처지의 사람들 중 골목에서 재활용품을 주워 파는 노인'. 이것은 무엇보다 진입과 수집과 판매를 염두에 둔 정의다.

이어지는 14개의 장은 가상의 인물인 윤영자의 하루 중 일부와 이에 대한 해석으로 이뤄져 있다. 1945년생인 윤영자는 실제로 존재하지 않는다. 그녀의 이름은 1945년에 출생등록을 했던 이들의 이름 가운데 가장 많았던 것을 골라 지은 것이며, 그녀의 남편이나 자녀들의 이름 역시 같은 방식으로 지었다. 1945년생은 2020년을 기준으로 76세(만 75세)이며, 이 나이는 운전면허를 가진 경우, 면허 갱신의 시기가 만 75세까지의 5년 주기에서 3년 주기로 바뀌는 전환점이다. 신체적 능력에 대한 사회적 의구심이 가득해지는 시기인 것이다. 게다가 인구통계에서 후기고령자로 여겨진다는 특징이 있다. 이 시기에 이들은 만 65세와 만 74세 사이의 전기고령자에 비해 신체적 능력이 떨어진다는 의학적인 진단을 받게 된다.

글에 나오는 윤영자와 가족의 학력, 출산(출생), 결혼 등의 여부와 때에 있어서는, 1945년생이 '일반적인 생애주기'를 거쳤다고 여겨지는 사건들을 반영했다. 예를 들어 우리는 윤영자가 의무교육으로 국민학교에 입학했으리라는 가정을 할 수 있다. 그리고 결혼 시기, 첫 출산의 나이와 자녀의 수, 그리고 자녀들의 독립 시기 등에 대해서는 1945년생 노인들 생애의 평균치라고 생각되는 것을 반영했다. 그러므로 윤영자는 그들의 대표가 아닌 '평균의 노인'이며, 이 이유 때문에 그 어디에도 없는 존재다.

그녀의 생애는 필자가 조사를 진행하며 만났던 노인들이 살아왔던 생애의 조각을 이어 붙인 것이다. 이렇게 한 데는 두 가지 이유가 있었다. 첫째로는 자료가 불균형하게 수집된 점이 마음에 걸렸다.[3] 따라서 수집한 자료 가운데서 반

---

[3]    조사 과정에서 심도 있는 인터뷰는 2건이 있었고, 유의미한 인터뷰는 7건이 있었으며, 그 외에도 50건 내외의 짤막한 면담을 기록한 메모가 있었다. 짤막한 면담이라는 건, 사실상 골목의 쉼터에서 혹은 그/녀들이 잠시 쉬는 틈을 타 이뤄진 짤막한 대화였고, 대개는 노인과 헤어진 후 재빨리 대화 내용을 기억해 메모한 것이었다.

복적으로 언급되는 내용을 분석했고, 이를 통해 일반적인 경향을 기초로 과거의 생애를 조합했다. 둘째, 조사에서 만난 이들의 개인적인 사연을 그 누구도 알아볼 수 없게끔 흐트러뜨릴 필요가 있었다. 짧게 말하자면, 개인정보의 보호가 필요했기 때문이다. 대화와 관찰에서 얻은 내용이 특정한 사람으로 이어질 수 없도록 할 현실적인 필요가 있었다. 그래서 그럴듯한 '한 명'을 만들어냈다.

더 나아가 이것은 70대 중반의 여성의 평균적 존재를 구상해보려는 시도이기도 하다. 만약 학계 내의 글이었다면, 한 사람의 구술생애사를 분석하거나 여러 대상의 경향을 심도 있게 분석했을 것이다. 따라서 이 책에서 하려는 작업은 위험한 시도이긴 하다. 필자가 만났던 '재활용품 수집 노인'의 처지는 제각기였다. 그렇지만 이들 사이에서의 공통점 역시 발견됐다. 각 장에서 설명했듯, 노인의 일하는 과정과 방법, 그리고 현금이 없는 처지에서의 생계비를 위한 일이라는 점, 노인을 둘러싼 사회구조는 동일했다. 그렇기 때문에 이 글은 각 개인이 가진 고유한 특성을 위험하게 일

반화한다는 비판을 무릅쓰고, '생계'를 위해 일을 하는 사람
의 전형성을 구조화해 설명하는 방식을 택했다.

13시

한여름 날의 오후, 골목에는 노인만 있다. 이 시간, 청년들은 돈을 벌러 쫓기듯 동네를 떠나 있고, 어린아이들은 학교로, 학원으로 떠나 있다. 남은 건, 직장이 없는 노인들이다. 골목 어귀의 나무 아래 작은 평상에는 노인들이 더위를 피하러 나와 있다.

전화로 언제 만나자고 약속한 것도 아니지만, 그녀들은 한낮 집 안의 열기를 피하려 평상에 나와 모인다. 어떤 날엔 서너 명이고, 많은 날은 대여섯 명도 모인다. 그녀들 간의 첫 인사는 짧다. "밥은 먹었는감?"이라거나 "거 아픈 덴 어떻소?"같이 습관적인 말이기도 하고, 잘 아는 사이인지 별 인사 없이 와 앉기도 한다.

요구르트를 배달하는, 그나마 젊어 뵈는 여성이 와서

앉았다 가기도 한다. 젊은 여성은 그녀들에게 요구르트를 팔려는 생각은 딱히 없어 보인다. 그녀들은 동네 여기저기를 오가는 젊은 요구르트 판매원에게 "○○빌라, 거 아래층 사는 거 어르신은 어뗘? 바깥 좀 댕기유?"라 묻고, 젊은 판매원은 "요새 통 안 뵈네요."라 답한다.

노인들 중 하나가 판매원에게 자신의 젊은 시절과 '한(恨)'을 늘어놓는다. 그 자리에 있는 그 누구도 그 말을 듣는 것 같지는 않다. 판매원은 그 말에 응대를 하는 듯하지만 금세 지루하다는 표정을 내비친다. 다른 노인 한 명이 나서서 "거 시방 옛날 야그 좀 그만하쇼."라 타박하고, 말을 하던 노인은 한숨을 내쉬며 하던 말을 멈춘다. 말을 막은 노인은 곧장 다른 화제를 꺼낸다. "말복 날이 언젠감?" 한풀이를 그쳤던 노인이 대들 듯 답한다. "언니는 것도 모르요? 담주 광복날 담날이제." 잠자코 있던 노인 하나가 덧붙인다. "딸내미가 온다는디, 닭 고아야겠어라우." 다른 노인이 대답한다. "시방 뭣하러 고생하는가. 딸내미헌티 삼계탕 한 그릇 사오라

하소. 요새 삶은 거 다 파는디, 뭣허러 그러요잉."

젊은 판매원은 체력이 돌아왔는지 자리에서 일어나 제 갈 길을 간다. 그녀들은 그녀에게 인사를 한다. "고생 허시오." 곧 그녀가 시야에서 사라지자, "저 젊은 냥반, 집에 아사리판 났다는데 잘 사네잉."이라거나 "젊어서 좋겠구마."라는 시답잖은 이야기를 늘어놓고 한참을 떠들었다. 그녀들과 그 젊은 판매원 사이에 별다른 교류가 있던 것도 아니었지만, 그녀들은 판매원의 삶을 두고 이런저런 걱정과 한탄을 늘어놨다. 그녀들은 "열심히 사니 복 받을거여."라며 마무리를 한다.

같은 시간 또 다른 평상의 모습은 이렇다. 50대 정도 되어 보이는 여성이 노인들에게 말을 툭 던진다. "할마시, 저짝에 누가 상자 내놓던디요?" 한 노인이 잽싸게 일어나, 평상 옆에 둔 카트를 챙겨 재빠르게 갔다. 얼마 지나지 않아 그녀는 상자를 마구 올린 카트를 끌며 천천히 걸어왔다. 그녀는 이미 지나가버린 제보자에 대해 칭찬을 늘어놓는다. "저 아줌마는 볼 때마다 참 기분이 좋아. 어른들 챙길 줄도 알고." 평상 위의 노인들은 다시 수다의 세계를 열었다.

골목 사이로 난 골목을 오르면, 오르막이 있고, 오르막의 왼쪽 오른쪽에는 다세대 주택이 이어져 있다. 여기서도 노인을 만날 수 있다. 다세대 주택의 입구에 조르르 앉아 있다. 한낮에 그곳을 오가는 사람들은 기껏해야 택배기사 정도다. 가끔 근처에 살던 나이 든 남성이 지나다 옆에 앉는 일도 있다. 이들은 대개 뭐 그리 진지한지, 잘 웃지도 않고, 말도 없다. 그들은 무뚝뚝한 표정으로 앉아 있다가 제 집으로 향한다. 가끔 와서 나라님이니 정치니 하는 이야기가 나올 때나 제가 옳다는 굳은 목소리로 몇 마디 할 뿐이다. "이게 다 그놈들 탓이유."라거나 "안쓰러 어쩌요."라는 말들을 남긴다.

말 그대로 인적이 드문 오후, 집 바깥에 모여 앉아 여기서도 별별 수다를 다 떤다. 앞에서 본 평상들이나 여기나 노인들의 수다는 끊임이 없고, 그 수다의 대상은 대개 눈에 보이는 모든 것이다. 그러다 누군가 "시골서 사는 시누가 보내줬는데 혼자는 못 먹겄고만, 요 좀 드셔 보시오잉."이라 멋쩍게 말하면서 감자를 꺼내 오고, 그녀들은 그것을 나눠 갖기도 한다.

골목을 내려가면 가구 거리가 나온다. 가구를 파는 상점들이 일렬로 쭉 이어져 있고, 가구를 사러 온 사람들이 오가는 곳이다. 여기를 거니는 노인들은 모두 바쁘다. 골목길 사이사이에서는 노인들이 평상에 누워 있거나 문턱에 철퍼덕 앉아 있었다면, 여기에서 볼 수 있는 노인들은 재빠르게 골목을 걷는다. 그렇다고 이들이 함께 걷는 건 아니다. 무슨 이유에선지 거리를 둔 채 한 줄로 걷는다. 더구나 누군가를 지나칠 때면 그에게 아는 체를 하는 게 아니라, 슬쩍 흘겨보고 지나친다. 그들 사이에는 그 어떤 말도 없다. 그녀들은 마치 산길서 뱀을 피하듯 갈 지(之)자를 그리며 앞으로 향한다. 그러고는 각기 다른 골목으로 숨어 들어간다. 얼마쯤 지나면 그들은 높은 지대의 골목에서 내려와, 맨 아래에 있는 북아현동에서 충현동으로 향하는 2차로로 된 찻길에서 다시 만난다. 여기서 누구는 파란색으로 된 카트를 앞에서 끌고, 누구는 리어카를 앞에서 끌고, 누구는 보행기나 유모차에 기대어 걷고, 또 다른 누군가는 가방을 메고 한 줄을 이루며 한길 위를 걷는다. 갑자기 옆에 한 남성이 상자를 가득 실은 오토바이를 몰고 그녀들을 지나치면, 약속이나 한 듯 모두가 그를 째려보고 연이어 큰 숨을 내쉰다.

서로 아는 체도 하지 않는 이 인파 안에서 윤영자는 자신의 키가 될락 말락 한 파랑 카트를 앞에서 끌며 걷는다. 그녀의 키는 백오십 센티미터 정도이며, 몸매는 마른 편이다. 그녀는 화려한 패턴이 들어간 아주 깨끗한 옷을 위아래로 입었으며, 그녀가 한 발짝 한 발짝 앞으로 내디딜 때마다 바짓단이 펄럭인다. 그녀 얼굴의 주름과 무릎이 쭉쭉 펴지지 않는 걸음걸이를 봤을 때, 나이는 칠순 정도는 넘은 것 같다. 그녀는 인사도 나누지 않는 다른 그녀들과 함께 골목을 걸으며 누군가 버린 것 가운데서 팔 만한 것을 골라 줍는다.

## 도시에서 가난한 노인으로 늙는다는 것

우리는 "늙는다는 것이 역사상 처음으로 정상적인 것이 된" 사회에 살고 있다. 도시에 사는 노인의 처지는 굉장히 유별나다.[1] 서구가 400여 년에 걸쳐 겪은 변화를 40여 년 만에 급격히 이뤄낸 산업화 과정의 탓인지도 모르겠다. 공동체의 보살핌은 사회와 도시의 변화 속에서 급속히 약화되었다. 도시 노인의 처지가 유별난 이유란, 지금 이들이 겪는 문제가 우리가 처음으로 겪는 문제이기 때문일까?

한국의 도시에서 판잣집이 사라졌다. 그래서 사람들은 가난이 사라진 줄 알았다. IMF 시기 즈음, 지하철역과 공원 곳곳에 노숙인들이 자리 잡는다고 아우성과 민원이 사회에

---

[1]    팻 테인 외, 2012: 401쪽.

시끌벅적했고, 사람들은 가난이 완전히 사라진 건 아니라고 말했다. 그래도 그때는 그런 노숙인들의 처지를 일이 망하고 인생에 실패한 사람들의 끔찍한 말로 정도로 여겼다. 그런데 사람들은 얼마 지나지 않아 노인들이 차도와 골목을 다니며 고물상에 팔 수 있는 것들, 다시 말하자면 남들이 버린 것들을 줍는 모습을 보게 되었다. 혼란스러운 일이었다. 가난해서 상자를 줍는다고 생각하고 지나쳐도, 어떤 노인들은 판잣집이 아닌 멀쩡한 집에 들어가 밥을 차려 먹었고, 또 벤치에 앉아 동네 사람들과 웃고 떠드는 (알고 보면) '멀쩡한' 사람들이었다. 그러니 폐지 줍는 노인이 있는 곳이 가난의 현장이라고 말하기도 애매하고, (누가 봐도 인정할 만한) 길 위의 노숙인 같은 사람만이 가난하다고 말하기도 애매했다.

이제는 가난의 문법이 바뀌었다. 도시의 가난이란 설비도 갖춰지지 않은 누추한 주거지나 길 위에서 잠드는 비루한 외양의 사람들로만 비추어지지 않는다. 어느 날 강서구에서 마을버스를 타고 작은 골목을 지나는데, 1km가 채 안 되는 거리에서 모두가 다른 편인, 재활용품 줍는 노인 무리를 보았다. 물론 그들이 함께 다니는 건 아니었다. 그들은 경쟁 중이었고 갈림길에 다다르자 뿔뿔이 흩어졌다. 그때엔 몰랐지만, 고물은 먼저 발견한 사람의 차지가 되니까 남의 뒤를 따를 필요가 없었던 것이다. 한 소설의 설명이 묘하게 맞아 떨어진다. "고물은[고물 줍기는] 타이밍이 중요했다. 먼저 발견한 사람이 임자였다. 물건이 나올 시점을 잘 잡아 때맞춰 돌아다녀야 했다."[2] 노인들에게 가난은 경쟁을 통해 드러난다. 이들은 경쟁 속에서 팔 만한 재활용품을 획득해 생계를 꾸렸다.

## 넝마주이의 후예들

폐지를 비롯한 폐품을 줍는 사람들을 무어라 불러야 할까? 서구에서는 이런 이들을 오랫동안 'rag picker'라 불렀고, 한국사회에서는 넝마주이라 불렀다.[3] 넝마주이들은 헌 옷 따위의 넝마와 가발을 만들 머리카락 등을 수거해 다른 제

---

**2**    이유, 2015: 23쪽.

조업자들에게 팔았다. 그러나 요새 한국서 헌 옷 따위의 넝마는 (비)공식적인 초록색의 의류수거함에 들어가버리니, 주된 주울 거리는 아니었다. 수거함에 모인 헌 옷이나 이불은 중간업체가 다 긁어모아 아프리카나 동남아시아 혹은 중앙아시아 등으로 수출한다. 그래서 옛말대로의 넝마주이는 이제 없는 존재가 됐다. 이제 넝마주이의 일은 이전과 다른 방식으로 변화했고, 지금의 재활용품 수집 노인들이 그 자리를 꿰찼다.[4] 이들이 하는 일 역시 '재활용' 가능한 폐품을 주워다 파는 것으로 그 방식 역시 크게 변하지 않았다.

그렇다면, 현재의 재활용품 수집 일은 과거에 제도 바깥의 일이었던 넝마 줍기에서 달라진 게 있을까? 이제 재활용품을 수집하는 일은 직업이 됐을까? 노인들은 자신이 하

---

[3]    넝마란 사전적으로 '낡고 해어져서 입지 못하게 된 옷, 이불 따위'를 가리키고, 모아진 넝마는 요샛말로 재활용되어 청소용 면이 되거나, 원사로 재생산된다.

[4]    버려진 (주인 없는) 물건을 주워다 파는 일이란 도시에 사는 하층의 인민들 사이서 끊임없이 이어져온 일이다.

는 행위를 두고 '이 일' 혹은 '이 직업'이라고 지칭한다. 이 점에서 그/녀들이 하는 폐품 수집과 판매 행위는 엄연히 직업이며, 노동이다. 그렇지만 이 직업, 그리고 이 노동은 여전히 '비공식적'인 것이다. 그 어떤 제도에 의해서도 인정되지 않는 일이며, 공식적인 통계 수치로 잡히기 어려운 일이기 때문이다.

과거 넝마주이의 일이 넝마주이와 고물상과 폐품 매입업자 사이의 단순한 거래 관계였다면, 지금 재활용품 수집 노인은 이보다 더 고도화된 '관계'에 갇혀 있다. 이제 노인들이 재활용품을 수집하고 판매하는 행위는 폐기물 처리 과정에서의 자원순환 정책과 재활용 산업에 매개되어 있다. 그렇지만 제도와 산업, 그 어디에서도 인정받지도 보호받지도 못하는 위험한 일에 불과하다.

## 이 책의 배경—북아현동의 지역적 특징

이 글은 행정동의 구분으로 북아현동과 충현동으로 불리는 지역에서의 조사를 기초로 한다. 두 지역을 따로 나누지 않고 편의상 북아현동이라 부르겠다.[5] 북아현동은 두 가지 특징이 있다. 우선 계급적 구획이 명확하며, 다음으로 도심과의 거리가 가깝다.

우선 계급적 구획에 대해 살펴보겠다. 지형도를 보면 북쪽에 안산이 있고, 안산의 양쪽 줄기인 서쪽과 동쪽은 높은 지대고, 가운데는 평평하다. 여기에는 식민지기의 것으로 보이는 주택 몇 채, 1970년대 불량주택 재개발로 새로 지어진 주택들, 한때 기업인 박태준이나 정치인 이기택과 같은 명망 높은 이들이 살았던 '저택' 단지, 1990년대 이후 지어진 다세대 주택, 2010년대에 지어진 '고급'한 아파트들이 뒤엉켜 있다. 시간대를 특정할 수 없이, 각 시기에 따른 주택의 특성이 켜켜이 쌓인 공간이다.

---

**5** 북아현동은 조선시대 한성부의 서부 반송방의 아현계, 차자리계, 권정승계였다가 1914년 경기도 고양군 연희면 아현북리로 바뀌었다. 이후 1936년 경성부에 포함되어 북아현정으로 변경됐고, 1946년 북아현동으로 바뀌었다. 1955년부터는 북아현 1, 2, 3동으로 나뉘었고, 2008년 북아현1동과 북아현2동이 합쳐져 북아현동이 됐으며, 북아현3동은 그 옆의 충정로동과 합쳐져 충현동이 됐다.

이 주택지는 위치에 따라 주민의 소득 수준과 생활에 차이가 존재한다. 북아현동의 서쪽은 2006년 시작된 재개발사업으로 인해 다세대 주택 밀집 지역에서 아파트 단지로 바뀌었다. 여기서 과거의 흔적을 찾을 순 없고, 이제는 평당 4,000만 원대 중반의 아파트 단지가 됐다. 반대쪽의 남은 다세대 주택 밀집 지역은 여전히 오래되어 집값이 싼 동네로 알려졌고, 주민들 역시 가난하고 나이 든 이들이 많다. 물론 젊은 청년들에게 값싼 셋방이 있는 지역으로 알려져 세 살이를 하는 신혼부부나 직장인들이 있긴 하지만, 그들에게 북아현동은 잠이나 자고 나서는 공간에 불과하다.[6]

다음으로 이 지역은 서울역과 종로 등지의 도심 지역과 가깝다. 서울역까지의 거리가 2km에 불과하고, 걸어서

---

**6**　1구역에 입주한 세대수는 총 7,021세대다. 동쪽의 공간 역시 재개발 2구역, 3구역으로 현재 재개발사업을 추진하고 있고, 여기에 입주할 예상 세대수는 6,919세대다. 2구역과 3구역은 현재 사업시행인가 단계 중이며, 이 단계가 끝나면 분양/관리처분 단계에 진입하게 된다. 즉, 머지않아 남은 지역 역시 아파트 단지로 변하게 될 것이다.

나 대중교통을 타고 20여 분 정도 걸린다. 남대문시장까지
도 대중교통으로 20~30분 정도, 종로1가도 같은 시간이 걸
린다. 서울의 중심부까지 가는 시간이 얼마 걸리지 않기 때
문에 도심부에서 일하는 여러 부류의 사람들이 뒤섞여 살기
좋다.

북아현동 고지대의 한낮은 온통 노인들뿐이다. 젊은이
들은 생계를 위해 동네 바깥에 나갔고, 노인들만 골목을 따
라 산자락을 오르락내리락하고 혹은 골목 어귀를 어슬렁댄
다. 이 풍경은 북아현동만의 모습은 아니다. 서울에서 재정
비촉진지구(혹은 재정비촉진구역)로 지정됐거나, 지정될 만한
오래된 동네에서 흔히 발견할 수 있는 풍경이다.

**이 책의 주인공─북아현동의, 폐지 줍는, 여성, 노인들**
이 글은 여태껏 남아 있는 그때의 가난했던 이농민들, 지
금의 가난한 노인들을 관찰하고 만난 이야기를 토대로 한
다. 내가 만난 그녀들은 어떤 의미에서 '쉬지 않고 살아왔
다.' 과거에도 지금에도 슬픔도 기쁨도 한껏 느끼며, 부지런

히 노력하며 말이다. 어느 여름날에 만난 노인들, 특히 여성 노인들이 살아온 이야기를 들어보면, 여기서 젊은 시절을 모두 보낸 이들이 많다. 시기로 치면 이들은 1960년대에서 1970년대에 북아현동으로 들어왔다. 출신을 물으면 전국의 팔도 사람들이 다 있다. 한때는 잘살아보겠다는 꿈으로 서울에 왔거나 어쩌다 보니 서울에서 생활을 시작한 사람들 모두가 뒤섞여 함께 늙었다. 이제부터 본격적으로 다룰 이야기는 그녀(들)의 '노력'에 관한 것이다. 그중에서도 이 책이 주목하는 이들은 폐품을 주워 팔며 생계를 유지하는 여성노인들이다.[7]

---

7    이 책의 목적은 그녀들의 '한'을 추적하는 데 있지 않다. 우리 사회의 구성원이기도 한 어떤 '사람'의 모습을 세세히 그리며, 이 사회에서 늙어간다는 게 어떤 의미인지를 알아보고자 한다. 앞에서도 말했듯, 나이가 들어서도 '가난한' '여성노인'의 일과 삶은 어떤 모습과 의미인지를 '윤영자'라는 가상 인물을 통해 살펴볼 계획이다. 그녀의 삶은 2015년에서 2019년까지 조사들에서 만난 여러 '그녀'들의 모습을 조금씩 떼어 붙여 구성한 것이다.

13시 15분

영자씨는 가구 거리 어귀 작은 골목에 있는 정자에 앉
았다. 정자에는 그녀보다 나이가 더 든 여성이 한 명 앉
아 있었다. 칠십다섯이 된 영자씨보다 대여섯 살 정도
많은, 영자씨의 처녀 시절부터 옆집에 살던 충청남도
논산에서 온 언니였다. 시기로 따지면 1970년대 언젠
가, 영자씨가 딸 둘을 낳고, 아들 하나를 연이어 낳았던
그때쯤이었다. 논산 언니는 영자씨와 같은 동네에서 부
녀회 활동을 하고, 영자씨가 장사를 하러 다니느라 바
쁠 때 애들을 봐주기도 했다. 수완이 좋은 영자씨가 종
종 부업거리를 언니에게 맡겨 함께 일을 하기도 했다.
남편과 일찌감치 사별했던 언니는 지병으로 살림이 쪼
들렸고 걷는 게 불편했다. 자식들이 가끔 찾아온다지

만, 언니는 대개 혼자 정자에 앉아 시간을 보냈다.

영자씨가 먼저 인사를 건넨다. "언니, 더운데 바람 쐬셔?" 언니는 카트를 슬쩍 보며 답했다. "오늘은 많이 모았간?" 영자씨는 풀죽은 목소리로 다시 답했고 대화가 이어졌다. "더 다녀야지라." "길 가생이로 댕겨." "알겠으라."

대화가 멈췄다. 영자씨는 꾸벅꾸벅 졸았다. 언니는 조용히 요구르트 하나를 영자씨 옆에 뒀다. 졸다 깬 영자씨가 언니에게 말했다. "아심찮이 이런 것을 다 주시오."

언니는 다른 이야기를 꺼냈다. "대근하면 먼저 들어가. 할배는 어쪄?" 구 년 전 대장암 수술을 받고, 사 년 전에 막내딸 정숙이가 돌보겠다며 데려간 영자씨 남편에 대한 이야기였다. "시방은 딸 가스나가 데꼬 사는디, 함 가봐야제. 한참을 못 가봤소. 국가서 나온 돈만 딸헌테 보내지. 젊어서 삿참한 짓 허고 댕기니께 인자 고생하지라. 그라드라도 요샌 괜찮소. 허고, 썸쩍한다는 소리가 안 할 소리를 해부렀네. 가야겠소." 영자씨는 부랴부랴

몸을 일으켰다. 언니가 인사를 한다. "가능겨? 싸게싸게
하고 가." 영자씨도 인사를 남긴다. "몸 잘 챙기시요잉.
말복 날 저 아래 경로당서 닭 묶는다는디, 가시자요."
영자씨는 다시 걸었다. 동네를 걸을 때, 속도를 재빨리
내며 쳐다보지 않는 몇 장소가 있다. 지금은 아파트가
들어선 팔아버린 옛집 자리, 영자씨와 남편 정웅씨가
장사를 하던 시장, 아들 준호가 장사를 하던 자리. 오늘
은 어쩌다 옛집 자리를 무심히 쳐다보게 됐다. 자식들
생각이 났다.

그녀는 여섯 명의 자녀를 낳았다. 딸인 미숙이와 경숙
이는 올해로 쉰다섯과 쉰넷이 됐다. 그 아래로 쉰하나
가 된 준호와 쉰인 준길, 마흔여덟인 정숙이와 마흔넷
인 성호까지 있었다. 미숙이와 준호의 부인, 정숙이는
연락이 가끔 왔다. 그렇지만 경숙이와 준길이, 막내 성
호는 연락이 안 온 지 오래였다.

자식 여섯을 키우는 일은 쉽지 않았다. 더구나 미숙이
와 경숙이가 갓난쟁이였던 1967년, 남편이 동회 주사

일을 때려치우고 기술자로 인도네시아로 삼 년을 나갔다. 그녀는 동네 복덕방에서 사무일을 도우며, 애 둘을 돌봤다. 남편이 돌아왔지만, 그는 안정된 직업이 없었다. 가끔 돈을 벌어 왔지만, 생계를 유지하는 건 그녀의 몫이었다.

첫째 아들이 국민학교에 입학하자마자 그녀는 화장품 방문판매원으로 일했다. 그녀는 유니폼을 입고 '태평양'이 적힌 가방을 들고 집집을 찾아 화장품을 발라주며 팔았다. 그렇게 번 돈으로 아이들의 학교 학부모회 활동을 했고, 장사를 위해 동네 새마을 부녀회 활동도 시작했다. 그녀는 가족을 위해 헌신했다.

그렇지만 IMF 위기가 닥쳐왔던 시기, 해고를 당한 첫째 사위에게 사업자금을 대줘야 했다. 또 얼마 지나지 않아 첫째 아들 준호와 막내딸 정숙이의 사업자금을 대줬다. 그렇지만 하나같이 장사가 잘되질 않았다. 자녀들이 잘되길 바라며 모아둔 돈을 그렇게 다 써버렸다.

이 소식을 들은 자식들은 서로 다른 말들뿐이었다. 자

신이 돕지 않아도 잘 살아가길래 안도했던 둘째 딸 경숙이와 둘째 아들 준길이는 화를 냈다. 그 아이들의 입장은 영자씨와 달랐던 모양이다. 그 아이들은 왜 받은 것도 없이 우리만 엄마를 챙겨야 하냐, 첫째들이 그리 중해서 집까지 말아먹은 거냐는 둥 끔찍한 이야기를 해왔다. 그즈음 준호는 그 아이들을 달래보겠다고 만났다가, 싸움만 잔뜩 하고 온 모양이었다. 그 순간을 떠올리면 영자씨는 아직도 심장이 뛴다. 그 이후 경숙이와 준길이는 영자씨와도 다른 형제들과도 연락을 끊었다.

이제 연락이 되는 건, 첫째 딸인 미숙이와 첫째 아들인 준호, 그리고 막내딸 정숙이뿐였다. 막내 성호는 일본에 돈을 벌러 간다고 하고는 한참 연락이 없었다. 준호는 계속해서 사업을 말아먹었다. 동네 어귀서 떡집을 하다 말아먹었고, 그 자리에서 식당을 했지만 그 역시 망했다. 준호는 자리가 안 좋아 망한 거라며, 이제는 동네에서 꼭 필요하니 망할 일 없다는 슈퍼를 하겠다고 했다. 영자씨는 준호를 타이르며 작은 가게라도 들어가 일을 배우라 했지만, 준호씨가 며느리와 손주까지 며칠을 계속해서 데려와 성을 냈다. 결국 영자씨는 집을 팔아 돈을 마련해 준호에게 건넸다. 준호는 목 좋은 곳에 슈퍼를 차린다며 신나했지만, 얼마 지나지 않아 준호의 슈퍼 근처에 편의점이 들어왔고, 연이어 근처 서울역에 대형마트가 들어와 다시 망했다. 이제는 준호도, 준호의 마누라도 요새 무얼 하며 벌어 먹고사는지 도통 말을 하지 않는다.

미숙이는 그나마 나았다. 영자씨가 대준 사업자금으로 미숙이 남편이 치킨집을 시작했는데, 이제 이십 년 넘게 하니 동네 터줏대감이 된 모양이었다. 막내딸 정숙이는 음대를 나와 회사를 다니다 결혼을 했다. 그렇지만 남편이 바람나는 바람에 이혼을 했다. 여태껏 영자씨가 보태준 돈으로 영어학원을 차려 딸을 키우며 혼자 살아왔다.

미숙이네 집을 도와줄 때까지는 그래도 괜찮았지만, 준호와 정숙이의 사업자금을 '밀어주다' 영자씨와 그 남편인 정웅씨는 가진 것을 잃었다. 이렇게 영자씨는 그나마 젊은 시절 모은 돈으로 산 내 집을 잃고, 남의 집에서 전세살이를 시작했다. 영자씨는 '한'스러운 이 사정이 괴로웠다. 한동안 밤마다 잠이 오지 않았고, 휴대폰에 자식들 이름이 뜰 때마다 별별 생각이 들었다. 그래도 앞으로 손주들이 살아가는 데 문제가 없으면 됐지, 라는 생각으로 떨리는 마음을 잠재웠다.

영자씨는 한숨을 쉬었다. 아주 긴 한숨이었다. 그러고는 '돈도 밥도 안 되는 허튼 생각 집어치워야제.'라 혼잣말을 되뇌고 앞으로 걸었다.

## 고령사회 진입과 노인의 가난

2020년, 한국사회의 인구는 5,178만 명이며, 65세 이상인 노인은 812만 명(전체의 15.7%)이다. 우리는 2016년, 노인 인구가 전체의 712만 명(14%)을 돌파하며 '고령사회'에 진입했고, 전후 세대들이 65세를 넘기며 노인의 수가 급속히 늘고 있다. 이 수치(15.7%)는 한국의 평균치이며, 지역별로 수치를 따지면 더 복잡하다. 전라남도(23.1%), 경상북도(20.7%), 전라북도(20.6%), 강원도(20%)는 이미 '초고령사회'에 해당하며, 부산광역시(18.7%)과 충청남도(17.7%)와 충청북도(17%), 경상남도(16.5%), 대구광역시(16%)는 이미 전국 평균을 넘었다. 전 인구의 50%가 살고 있는 수도권 역시 서울 15.4%, 경기 12.7%로, 수도권의 노인 인구만으로도 319만 명에 달한다.[1] 정부와 산업계는 최근 노인 인구가 늘어나는 상황에 대비하기 위해 '고령친화'를 앞에 붙인 산업과 도시계획 등을 구상하고 있다.

그렇지만 현재 가장 문제인 지점은 노인계층의 가난이다. 최근 국제 비교 통계에서 우리가 처한 노인빈곤의 심각함이 고스란히 드러난다. 2017년을 기준으로, OECD 가입국가 가운데 한국의 상대적 빈곤율(전체 인구 중 빈곤 위험에 처한 인구의 비율)은 17.4%로, 미국의 17.8% 다음으로 높다. 게다가 65세 이상 노인만을 살펴볼 때, 한국의 상대적 빈곤율은 43.8%였다. OECD 가입 국가 가운데 가장 높은 수치다. 여기에 65~69세의 고용률에서 한국(45.5%)은 아이슬란드(52.3%)에 이어 두 번째로 높았고, 70~74세의 고용률은 33%로 OECD 가입 국가 중에서 가장 높았다. 즉 한국의 노인은 일을 많이 하는데도 빈곤하다는 뜻이며, 이는 현재 노인들에게 노후 생활의 경제적 기반이 없다는 뜻이다. 게다가 노인이 하는 노동의 대부분은 질 낮은 일자리에서 이루어지

---

1    〈2020 고령자통계〉.

며, 따라서 노인의 고용률이 상승한다 해도 빈곤율이 낮아지는 데는 도움이 되지 않을 것이 분명하다.[2]

노인 중에서도 여성의 상황은 어떨까? 여성노인의 취업률은 15년 동안 제자리걸음을 유지하고 있다. 비단 남성보다 여성노인의 수가 많기 때문만은 아니다. 〈경제활동인구연보〉(통계청, 각년도)를 살펴보면, 65세 이상 여성노인은 2000년에 22.7%, 2015년에는 22.9%가 고용되었다. 2019년, 60세 이상인 여성들의 고용률은 33%에 달했다.[3] 60세 이상

---

**2** 이렇게 적었지만, 의문이 든다. 노인이 꼭 일을 해야 할까? 정부는 일정 이상의 나이가 된 사람들을 '노인'이라 부르며, 더 이상 일을 하지 않아도 된다며 '은퇴'를 하게 했다. 그렇지만 여전히 '노인'의 '고용률'을 계산한다. 이건 모순된 상황이 아닐까? 게다가 노인들의 가난 문제에 대해 '일자리'를 제공하는 방식을 택한다. '은퇴'를 하게 해놓고, 질 낮은 '일자리'를 제공하는 것이다. 여기에 대한 답은 은퇴를 재고하자는 것과 일하지 않아도 살 수 있는 사회보장이 이뤄져야 한다는 것으로 나뉠 수 있다.

**3** 〈경제활동인구연보〉의 65세 이상 여성의 고용률을 최근 5년만 살펴보면, 고용률이 경미하게 올라갔다가 다시 내려왔다. 2010년에는 21.2%, 2011년에는 21.4%, 2012년에는 22.6%, 2013년에는 23.1%, 2014년에는 23.5%, 2015년에는 22.9%가 고용되었다. 2017년부터 〈경제활동인구연보〉는 60세 이상 여성으로 그 범주를 넓혔고, 이에 따라 고용률이 늘어났다.

의 여성들은 고용률이 낮을 뿐 아니라 비정규직인 경우도 많다. 〈경제활동인구연보 근로형태별 부가조사〉의 2016년 3월호는 60세 이상 여성 비정규직 근로자를 133만8천 명(전체의 21.7%)으로 보고했다.[4] 전체 비정규직 다섯 명 가운데 한 명은 60세 이상 여성이라는 뜻이다.

## 통계의 역설

우리는 이 통계에서 무엇을 읽고 어떤 대안을 마련해야 할까? 어떻게 하면 노인을(특히 여성노인을) 질 낮은 노동이라는 구렁텅이과 가난이라는 늪에서 구할 수 있을까? 정부의 기초노령연금이라는 제도와 노인일자리라는 사업, 사회복지 정책 내에서의 서비스 전달체계 확충이라는 답이 이미 실행

---

**4** 또 비정규직의 수가 2009년 3월에 537만4천 명에서 2016년 3월 615만6천 명으로 약 78만 명가량 늘어났다. 이 가운데 남성의 수는 2009년 262만6천 명에서, 2016년 276만1천 명으로 큰 차이가 없는 데 비해, 같은 기간 동안 여성은 274만8천 명에서 339만5천 명으로 급증했다. 게다가, (남녀 모두 합쳐) 60대 이상의 비정규직 비중은 2009년 13%에서 2016년 21.5%로 늘어났다.

되고 있지만, 어째서인지 노인들의 빈곤율은 낮아지지 않고 있다.

하지만 역설적이게도 미래는 희망적이다. 빈곤율은 점점 낮아지리라 예상되기 때문이다. 노인의 처지가 나아져서가 아니다. 교육 수준이 더 높고, 경제활동인구 자체가 많은 전후 세대들이[5] 노인이 될수록 빈곤을 가리키는 통계적 수치는 낮아질 것이기 때문이다. 전후 세대 이전의 노인들은 차츰 사망하며, 동시에 전후 세대로 인해 노인의 전체 수는 늘어난다. 이렇게 빈곤율의 추이가 나아질 수 있다고 안심할 수도 있다. 그렇지만 그런 기다림은 잔혹하다. 해방기에 태어난 지금의 노인 세대가 양극화된 사회를 버티다 사망해

---

**5** 전후 세대란 베이비붐 세대를 가리킨다. 미국과 유럽에서는 전쟁이 끝난 후, 인구가 급격하게 증가했던 1946년~1964년에 태어난 이들을 가리킨다. 한국의 경우는 1955년에서 1963년(혹은 1974년) 사이에 태어난 이들이 해당된다. 이들은 1970년대 중반에서 1980년대 초에 일자리를 갖거나 대학에 진학했으며, 그 시기 이뤄진 경제개발을 주도했던 세력이다. 게다가 사회구조가 변동하는 과정에서 안정적인 일자리와 주거를 확보하며 성장해왔으며, 1990년대 사회보장제도가 확대되는 과정에서 우선적으로 수혜를 받았다.

야만 이루어지는 결과이므로.

따라서, 우리는 현재의 노인이 "사회보장제도가 안착되기 전에 이미 노령기에 접어든 이들이라 노후생활의 안정위한 도구가 상대적으로 매우 부족한 인구집단"[6]이라는 특이점을 고려해야 한다. 지금의 노인들은 이전 세대에 비해 생존 연령이 길어져 늙어감에 대처해야 하며, 다음 세대에 비해 국가 사회보장망의 보호가 미약한 상황 속을 '버티고' 있다. 무엇보다 생계에 대한 책임은 (예나 지금이나) 개인이 고스란히 짊어지고 있는 상황이다.

## 노인을 위해 지금 할 수 있는 것은?

그렇다면 전후 세대 이전의 노인에 대해 우리는 어떤 대처를 해야 할까? 그들은 우리의 '불행한 미래'일까? 가난한 노년을 다가올 불행으로 여기며, 그보다 나아져야겠다는 생각을 하는 일은 처참하다. 노인들의 모습은 젊은이들의 '불행

---

6    배화숙, 2011: 2쪽.

쿠키'가 아니며, '반면교사(反面敎師)'도 아니다. 지금 닥친 노인들의 생활 속에서 노인들의 어려움을 줄이려는 노력이 필요하다.

가난한 사람의 삶을 귀 기울여 들어본 적이 있는가? 내가 이러다 가난해졌다고, 그 순간의 선택을 후회하는 모습 너머, 그 사람의 젊은 시절의 일과 지금의 하루하루를 들어본 적이 있나? 한국사회에서 가난한 사람, 특히 가난한 노인에 대한 이야기는 '통계'나 '가난한 장면'을 통해 이루어지는 폭로와 경고의 형태가 많다. 더구나 '재활용품 수집 노인'이란 가난의 표상으로 쓰이곤 한다. 노인의 동년배들은 연민을 표하고, 이보다 젊은 세대는 반면교사로 삼고 있는 실패의 전형이다. 그러나 이에 대한 사회적 대처는 미미하다. 국가와 사회의 시도는 통계 내에서 어떤 숫자는 낮추고 어떤 숫자는 높이는 데에 맞춰져 있다. 정작 필요한 건, 노인의 생활을 개선할 실질적인 방편이다.

## 가난의 구조적 요인: 생애, 쓸모의 변화, 가족, 부양의무자

노인들의 삶을 살펴보면, 가난의 구조적 요소를 알기 쉽다. 한국사회에서 현재의 노인은 대개가 1930년대에서 1950년대 중반 사이에 태어났다. 대한제국 말기에서 일제식민지 초기에 태어나 살았던 그들의 부모와도 다르고, 1950~1970년 사이에 태어난 자녀들과 대조하더라도 현재 노인들[1954년생(현재의 만 66세), 1949년생(현재의 만 71세), 그 이전의 1939년생(현재의 만 81세)]의 생애경로는 특이하다. 한국전쟁의 생존자로, 권위주의 개발국가의 청년 혹은 중년이었고, 1997년 외환위기(IMF 사태), 2007년 세계금융위기 속에서 노인이 된 사람들로, 그들의 생애경로는 (청년들이 활자나 이미지로 접한) 현대사의 거치른 굴곡의 한복판에서 이어졌다. 게다가 (1980년대 말적용된) 사회보험(특히 국민연금)에서 제외된 처지라 물질적 부를 축적하지 못한 이들은 현재에 이르기까지 마땅한 생계의 재원을 갖추지 못했다. 지금의 노인들은 (안전망이 구비되고 노후를 준비할 수 있었던) 이후 세대와 달리 자력갱생의 요구를 받았다.

　더구나 사회가 발전하며 노인의 사회적 역할과 쓸모가 많이 달라졌다. 한국뿐만 아니라, 서구사회에서도 노인의 사회적 소외 현상이 발생하고 있는 건 마찬가지다. 인류학자 재레드 다이아몬드는 현대적 개념의 문자해독력과 학교교육, 급속히 변하고 있는 기술환경을 들며, 노인이 사회적으로 더 이상 유용한 존재가 아니라는 인식이 발생했고, 이에 따라 사회적 소외가 심화되고 있다고 지적한다. 노인들은 전통사회에서처럼 사회적인 지식의 창고 역할을 할 수 없다. 책과 인터넷이 그들의 자리를 꿰차고 있다. 게다가 의무교육이 정착하였고, 노인은 그들이 행하던 마을의 교사 자리에서도 밀려났다. 더군다나 도시에서는 노인이 사회적인 지위를 부여받았던 마을이 사라졌다. 남아 있다 할지라도, 지금의 마을은 여러 세대가 어우러지는 공간이라기보다 비슷한 나이나 비슷한 경제적 수준을 가진 사람들로 구성된 장소가 됐다. 그래서 마을은 더 이상 노인과 청년과 아이가 서로 지식을 공유하고, 지혜를 나누던 공간이 아니다. 더욱이 끊임없이 변화하여온 기술환경은 노인의

지식을 구닥다리 지식으로 치부하게 하였고, 노인들의 쓸

모가 사라졌다.[7]

　　무엇보다 가족과의 관계 때문에 가난에 빠지는 노인들

도 있다. 조사 과정에서 만난 한 여성의 이야기다. 그녀는 금

융기관으로부터 대출이 어려운 자식들에게 돈을 "노놔줘놓

고, 노나 살다가 다 없어졌"다고 한다. 노인들에게서 현금이

사라지는 순간은, 자녀의 성장과 결혼과 사업 등으로 인한

'증여' 혹은 '차용'의 문제가 있을 때다. 노인이 금융기관을

대신해 자녀에게 차용해 준 경우, 자녀가 차용한 돈을 갚지

않게 될 때 노인의 생활이 흔들리기 쉽다. 이로 인해 발생하

는 부담은 노인이 짊어지게 될 가능성이 높다. 뿐만 아니라

생활비가 부족한 상황도 존재한다. 2017년의 〈노인실태조사

〉에 따르면, 노인 10명 중 약 6명이 따로 사는 자녀로부터 정

기적인 현금 지원을 받고 있으며, 8명이 비정기적인 현금/현

물 지원을 받고 있었다. 그렇지만 실질적인 생활비를 자녀에

---

7　　　재레드 다이아몬드, 2013: 350쪽 참조.

게 일부나마 제공받는 노인은 3.6명 정도에 불과하다. 이런 수치를 통해 정기적이건 비정기적이건 자녀들로부터의 현금 지원으로 생활비를 충당하긴 어렵다고 이해할 수 있다.[8]

몇몇 노인들은 가족으로 인해 정부로부터 지원을 받지 못하는 상황을 겪기도 한다. 달리 말하자면, 사회복지계 안팎에서 재고를 요청하고 있는 '부양의무자'로 인한 문제다. '부양의무자'는 정부가 2000년 10월부터 시작한 국민기초생활제도에서 기초수급자로 지정받는 조건으로서, 개인의 사정으로 기초수급자가 될 때, 자녀/부모의 소득과 재산이 일정 기준을 넘지 않아야 한다는 내용이다. 법이 개정되며 부양의무자의 기준에서 손자와 형제·자매, 홀로 남은 사위·며느리를 제외해왔고, 이제는 부모와 자식이 각각 일정 기준의 소득과 재산 이하여야 기초수급자로 지정받을 수 있다. 이는 개인이 아닌 가족 전체의 부를 기준으로 사회복지 서비스를 이용할 자격을 부여한 것으로, 가족이 개인을 부양

---

**8**  〈노인실태조사〉는 2008년에 시작되어 3년 주기로 조사된다.

할 의무가 있다는 옅어진 관습의 흔적이다. 그렇지만 이 때문에 영자씨는 연락이 끊어진 자식들의 경제적 수준이 기준 이상이라는 이유로 정부의 지원을 받을 수 없는 처지다.[9]

## 재활용품 수집을 시작하는 이유

2011년, 이봉화는 서울시 관악구에서 재활용품 수집을 하는 노인을 만나 조사를 실시했다. 이 조사는 노인이 재활용품을 수집하는 계기로 "임금노동 시장이나 공공근로 일자리에서 배제되어 있으나 빈곤으로 일할 수밖에 없는 경우가 많으며, 이들이 돈을 벌 수 있는 유일한 일이 재활용품 수거노동"이라고 이야기한다.[10] 특히 75세가 넘는 노인들은 일

---

**9**　보건복지부는 2020년 제2차 기초생활 보장 종합계획을 발표하며, 2021년 노인과 한부모 가구를 대상으로 부양의무자 기준을 폐지하고, 2022년에는 그 외의 가구를 대상으로 부양의무자 기준을 폐지하기로 발표했다. 그렇지만 이는 생계비를 지급하는 생계급여에 한해서만 폐지했을 뿐이며 의료비를 지원하는 의료급여에서는 기준을 일부 완화하는 수준일 따름이다. 의료급여에서 역시 부양의무자 기준을 완전히 폐지해야 할 필요가 있다.

**10**　이봉화, 2011: 38쪽.

하기 어렵다.[11] 그중에서도 여성노인이 일자리를 찾기란 무척 어렵다. 여성노인으로 이 사회를 살아가는 건 어떤지, 특히 가난한 처지라면 어떻게 다른지를 물을 필요가 있다. 여성노인들 가운데 단순노무를 하는 이가 50.8%이며, 이외에도 여성노인은 농림어업 30.9%, 서비스업 7.9%, 판매업 6.1%에 종사하고 있다. 남성노인의 경우 농림어업에 종사하는 이가 34.7%, 단순노무 종사자 30.5%, 기계직 13.3%, 기능직 6.5%, 판매직 4.1%, 전문직 3.1% 등의 일을 하고 있다.[12]

따라서 여성노인이나 남성노인이나 모두 적절하고 질

---

[11]    김수현·이현주·손병돈, 2009: 86쪽.

[12]    윤민석(2015)의 연구에 따르면, 서울에서 '피고용' 노인은 (대개) "근로조건과 고용기간에 대한 명확한 계약 없이 불투명하게 일을 시작하는 경향이 있으며, 근로시간은 길고, 임금은 낮으며, 여러 가지 차별을 겪는 열악한 근무환경에서 고용불안을 겪으면서" 일을 한다. 게다가 이들은 "노후 준비 부족으로 생계비가 필요하며 일을 계속해서 해야 하기 때문에 과거 직업과 다른 낯설고 고용의 질이 낮은 일자리에서 65세 이상의 늦은 나이까지 일하면서, 일이 힘들고 낮은 사회적 평가와 차별 등으로 여러 가지 어려움을 겪고 있었다."(윤민석, 2015: 35쪽)

높은 일자리를 가질 수 없는 건 마찬가지라고도 말할 수 있지만, 각각 다음과 같은 특징이 있다. 남성노인의 경우, 젊은 시절부터 쌓아온 기존의 경력을 이어가는 경우가 많은 편이지만 여성노인의 경우는 숙련된 기술 혹은 장기적인 경력이 없는 경우가 많고, 경력이 있다 하더라도 낮은 취업문에 막혀 나쁜 환경과 조건의 서비스업으로 전환하거나 진입하게 되는 경우가 있다. 게다가 남성과 여성이 갖게 되는 '일자리'의 종류에 있어서도 차이가 존재한다. 남성의 경우, 경비직 혹은 수위직의 비중이 높지만, 이외에도 건설·기계업종, 운전·운송업종, 생산 작업 등의 직업 전선에 참여할 수 있다. 여성은 청소와 가사도우미, 음식업·조리업 외에 할 수 있는 일이 많지 않다. 여성노인들의 일자리 부족에 대해 아직 우리 사회는 별다른 답을 찾지 못한 상태다. 재활용품 수집 노인들은 마땅한 일자리가 없었기 때문에 아무런 기술과 경력 없이도 손쉽게 할 수 있는 일을 찾아 하게 된 것이다.

모두가 처절한 사유를 가지고 있는 건 아니지만, 적어

도 '가난한' 노인들은 비슷비슷한 이유들을 각기 갖고 있다. 영자씨와 같은 여성들은, 젊은 시절에 자녀들의 진학과 생계를 위해, 나이가 들어서는 자녀들에 대한 지원과 남편의 투병으로 인해 열심히 벌었던 돈을 또 잃었다. 더구나 조사과정에서 만난 여러 여성들은 자녀들에게 돈을 '밀어주다' 가진 집을 팔았고, 이로 인해 전셋집으로 이사했다고 했다. 다른 여성은 전세자금마저 자녀들에게 쥐여주다 가장 싼 월세방으로 옮겼다. 그리고 남편이 투병 생활을 시작했고, 자신이 운영하는 장사가 어려워지자 가게를 접고 재활용품을 줍기 시작한 여성도 있었다. 여러 명의 여성들 사이에서 이런 삶은 '징허게' 반복됐다.

13시 30분

영자씨는 아침나절 동네를 한 바퀴 돌고 집에 돌아와 점심을 해결하고, 다시 파란 카트를 끌고 집 바깥으로 나왔다. 아침나절에 모아둔 폐품이 성에 차지 않았기에, 그녀의 말로 "뽀딱지게", 서울말로는 끈질기게 모았다. 영자씨뿐만 아니라 오후의 골목에 나온 그녀들은 무조건 바삐 걷는다. 오전과 달리 오후에 나오는 재활용품 양이 무척 적기 때문이다. 상자나 종이를 버리는 이들은 주로 젊은 청년들인데, 이들이 대개 일을 하러 나가기에 주울 거리가 적었다. 이 시간에 팔 거리를 주울 수 있는 곳은 상점가였다.

그녀는 아현동의 가구 거리를 쭉 걷는다. 가구 거리에는 오륙십 개의 가구점들이 밀집해 있다. 예전에야 가구를 사러 온 사람들이 거리에 가득했다. 요새는 배달을 주로 하는 곳이라 그런가 일하는 사람들만 오갈 뿐, 이전만큼 사람이 많지 않아 지나기 어렵지는 않다. 그래도 트럭이 끊임없이 오가는 곳이라 늘 조심해야 한다. 영자씨는 가구점에서 내놓은 상자가 없는지 주위를 계속 둘러본다.

옆집에 사는 젊은 총각이 일하는 가구점 앞에 다다르자, 잠시 카트를 놓고 인사를 건넨다. "가구집 총각, 오늘 상자 나온 건 없어?" 총각은 일을 하다 말고 답한다. "아까 내다놨는데, 딴 할머니들이 가져가버렸네요. 왜 이제 오셨어, 빨리 오시지." 영자씨는 소리를 지른다. "아따, 거 내 가져갈 것 좀 빼주믄 안 될랑가." 총각은 답한다. "할매 올 적에 내놓는다고 내놓기는 했는데, 사정이 이렇게 돼버렸네요. 가게 안에다 쌓아놓을 수가 없어요. 어떻게 할 수가 없네요. 다음엔 1시 10분쯤에는 오셔요." 영자씨는 "긍게 내 것 좀 맨들어줘. 욕 보시오."라 말하고 다시 카트를 밀었다. 총각은 떠나는 영자씨에게 한마디를 더한다. "할매, 날도 더운데 무리하지 마요." 영자씨는 카트를 밀고 앞으로 걸으며 혼잣말을 한다. "이거 밀고 기쪽을 저쪽을 한차배기 끌고 감시롱 나는 줏을 것도 없고 뭣이 이리 힘드오. 사방 널린 게 줏을 것인디, 내 꺼는 없구먼."

영자씨는 저 앞의 가게에서 상자를 내놓는 걸 보았다. 카트를 끌고 그 가게 앞으로 가 가구점 주인에게 물었다. "이거 안 쓰는 거요?" 가구점 주인은 답한다. "버리는 거요. 필요하시믄 몇 개만 가져가시오. 이따가 고물상서 가져갈 거니까, 다 가져가지는 마시구요." 그녀는 상자 몇 개를 골라냈다. 상자 중에서 무게가 가장 많이 나갈 것 같은 큰 것들을 골랐고, 커다란 상자를 카트에 실을 수 있게 접기 시작했다. 영자씨보다 커다란 상자라 온 힘을 다해 접고 또 접었고, 카트 맨 아래로 욱여넣었다. 그 위에다 가구점서 얻은 두꺼운 상자를 접어 올렸고, 다시 내려놨던 작은 상자들을 위에 올렸다. 그러고는 가구점 주인에게 "욕 보시오."라 말했고, 다시 카트를 밀기 시작했다.

골목을 걷는데, 동년배인 한 남성이 말을 걸었다. "할매, 잘 지냅니껴? 요새 우리 꺼 안 해도 갠찮은겨?" 영자씨는 인상을 팍 구기며 말했다. "그 함써 그만뒀으라?" 말을 걸었던 남성은 그건 아니라 말했다. 사정은 이랬다. 이 남성은 동네서 건물을 갖고, 세를 받아 사는 건물주였다. 그리 크지 않은 건물이었지만, 아래층에는 슈퍼마켓이 있었고, 위에는 사무실 몇 개가 있었다. 그는 건물 곳곳을 청소해줄 사람을 따로 고용하지 않았고, 길에서 재활용품을 줍는 노인에게 청소를 시키고 건물에서 나오는 상자나 플라스틱을 가져가게 했다. 노임은 없었다. 영자씨 역시 이 년 전쯤 그 건물에서 청소를 했고 거기서 나온 재활용품을 가져가곤 했던 것이다. 그러다 그가 영자씨에게 더는 오지 말라 말했고, 그다음 날부터 다른 여성노인이 와 건물의 청소를 했다. 영자씨로서는 고되긴 했지만, 골목 여기저기를 떠돌아다니는 수고를 하지 않아도 됐기에 괜찮은 일이라 생각하긴 했었다.

## 재활용품 수집 노인은 몇 명이나 될까?

사람들은 재활용품 수집 노인이 얼마나 되는지에 관심이 많다. 그렇지만 아직까지 명확한 숫자가 밝혀진 적은 없고, 여러 주장들만 사회를 떠돌고 있다. 가장 많이 알려진, 재활용품 수집 노인이 175만 명이라는 주장은 정치적 맥락에서 나왔다. '자원재활용연대'[1]는 2014년 6.4 지방선거를 앞둔 5월 "자원순환사회로 발전을 위한 좋은 정책 7"을 발표했다.[2] 그리고 2014년 6월 선거 직후 만들어진 별도 단체인 '전국고물상연합회'는 여기에 "고물상 및 재활용업계 종사자 30만

---

1 　자원재활용연대(2012 창립) https://cafe.naver.com/jajaereun

2 　온라인뉴스팀, "자원재활용연대, 자원순환사회 발전 위한 7개 정책 제시", 〈스크랩워치〉, 2014년 5월 26일.

명"을 더해 "200만 고물인"이라는 주장을 한다. 항간에 논해지는 200만이라는 수치는 여기에서 시작했다.[3] 그런데 두 단체의 170만, 175만이라는 수치는 어떻게 추산한 것일까? 이는 당시 발표된 '차상위계층'의 수를 가리킨다. 2012년 보건사회연구원에서 발표한 연구에 답이 있다. 이태진 등이 쓴 〈빈곤정책 제도개선 방안 연구〉라는 연구보고서에서 2011년 '차상위계층'의 수를 170만 명이라 계산하는데, 170만 명이란 수는 최저생계비에 대비해 100~120% 이내의 소득을 올리는 '잠재 빈곤층'인 67만 명과 소득이 최저생계비 이하지만 고정재산이 있거나 부양의무자가 있어 기초생활보장대상자에서 제외된 '비수급 빈곤층'인 103만 명을 합친 (법적/행정적 개념에 해당하는 인구) 수와 거의 맞아떨어진다.[4] 그리고 이 수치가 '자원재활용연대'와 '전국고물상연합회'의

---

**3** 정재안, 2016: 19쪽.

**4** 기초생활수급권자가 아닌 '차상위계층'은 2014년 12월 30일 개정되었는데, 이전까지 "소득인정액이 최저생계비의 100분의 120 이하인 비수급자"로 정의됐다. (이태진 외, 2012: 6쪽)

주장과 딱 맞아떨어진다.[5] 170만이니 175만이니 하는 수는 재활용품 수집을 하는 이가 '차상위계층'일 것이라는 추측이 확대된 결과다. 그 수치의 정합성을 떠나, 이 170만 명이라는 수는 재활용품 수집을 하는 이가 (당시) 국가의 적극적인 보장을 받지 못하는 계층일 것이라는 당시의 인식을 보여주는 하나의 '상징'으로서 의미가 있다.[6]

정부에서는 2011년부터 재활용품 수집 노인에 대한 조사를 실시해왔다. 이 내용은 3년 단위로 조사되어 발행되는 〈노인실태조사〉에 실려 있고, 2011년부터 노동 항목에서 '재활용품 수집' 여부를 확인하고 있다. 2018년, 보건복지부 산하 노인인력개발원은 〈노인실태조사(2017)〉를 기초로 일하는 노인 가운데 2.9%가 폐지 수집을 한다고 응답했고, 이는 전체 노인 가운데 0.9%에 해당하는 값이었다. 이 0.9%를

---

5    현재 "중위소득의 100분의 50 이하인 사람"을 가리킨다.

6    이 수치가 사회적으로 확산됐다는 점은 한국사회의 언론에 대한 우려를 낳는다. 언론이 상징적인 수치를 확인 없이 복제하며 재활용품 수집 노인을 가난의 상징으로 폭로한 것이나 다름없다.

전체 노인의 수인 735만 명에 곱해 재활용품 수집 노인의
수를 66,205명이라고 추정했다.[7]

지방자치단체에서도 재활용품 수집 노인의 수를 조사
한 바 있다. 서울특별시는 2014년 6,354명, 2018년 2,417명
(강남구 제외)이 있다고 밝혔다. 2014년의 결과는 "주택가 재
활용을 위하여 재활용정거장을 운영하는 관리인"과 "서울
시내 주민등록을 두고 서울에 거주하며 서울시에 자원재활
용을 위하여 폐지를 수집 활동하는 어르신"을 포함한 수다.[8]
이런 결과만 두고 본다면 '재활용품 수집 노인'은 줄어들었
다고 결론 내릴 수도 있다. 그러나 (도시 곳곳에서 재활용품 수집
노인들을 목격한 바 있는 시민들로서는) 이런 결론에 동의하긴 힘
들 것이다.

---

7    2011년 무렵부터 정부는 재활용품 수집에 노인들이 참여하는 현
상을 조사를 통해 파악하고 있었지만, 이들에 대한 적극적인 논의와 대처는 하
지 않았던 것으로 보인다.

8    서울특별시 기후환경본부, 2014.

## 재활용품 수집이라는 일과 그 산업

재활용품 수집이란 노인들이 돈을 버는 일이다. 수거차와 수거원이 오기 전까지 재활용품은 그 누구의 것도 아닌 채로 골목에 놓여 있다. 강재성(2016)이 밝히듯이, 재활용품 배출자가 "재활용품의 소유권을 포기한 상태"로 버렸기에,[9] 길 위의 재활용품 수집 노인들에게 이 "무주물(無主物)"은 "가격이 형성되어 있는 상품"으로 여겨진다.[10] 그렇기에 그 누구보다 먼저 재활용품을 줍고, 그것을 팔아 돈을 벌어야 한다. 여기에서 그 누구도 '불법적인' 일을 하지는 않지만, 이런 일이 일어나게 된 책임을 누군가에게 물어야 할지 모를 애매한 경계적 상황임은 틀림없다.

서울을 비롯한 '대도시'에 나타나는 특징이 하나 있다. 프랑스의 사회학자 르페브르의 지적대로, 대도시는 제도와

---

**9**    배출 과정에서 재활용품의 혼입을 막기 위해, 상자나 재활용품에 '재활용품의 종류 표기'와 '재활용의 과정' 등을 필수적으로 명기하여 배출자들이 재활용 과정을 이해하게 하는 방안은 어떤지 제안한다.

**10**    강재성, 2016: 43~53쪽 참조.

산업이 곳곳에 스며든 공간이다.[11] 이곳에서 이루어지는 재활용품 수거 또한 단순한 정책이라기보다, 제도와 산업이 스며든 행위라고 말할 수 있다. 재활용품 수거는 1980년 들어 아파트를 중심으로 시작되었다. 한동안은 재활용품 수거, 특히 분리배출이 기대만큼 원활하게 진행되지는 않았다. 기존의 단독주택이나 다세대/다가구 주택 역시 재활용품의 수거를 바랄 수 있는 상황이 아니었다. 게다가 재활용 산업이 별달리 성장하지 않은 상황이었기에 재활용 산업을 위한 수거보다 매립 혹은 소각 등의 '처리' 방법을 결정하기 위한 분리수거였다고 볼 수 있다. 그러나 1995년 들어 쓰레기 종량제 봉투가 생겨나면서 상황은 급변하였다. 흔히 쓰레기수수료 종량제가 시행되었다고 하는데, 이 제도는 일반쓰레기는 종량제 봉투에 넣어서 버리고, 재활용품은 분리배출한다는 원칙을 세웠다. 이전까지 넝마주이와 고물상이 재활용 업체와 직접 거래를 해왔지만, 이 시기부터 공공영역이 재활용 산업

---

**11**    르페브르, 2005: 132쪽.

에 개입하였고, 관리의 직접적인 주체가 됐다.

"한 종류의 오염을 억제하면, 보통은 다른 오염이 증가한다."는 한 사변가의 도시에 관한 질문을 염두에 두자.[12] 도시의 쓰레기 문제는 새로운 일이 아니다. 더구나 재활용 산업은 새로운 산업이 아니다. 1990년대 중반 무렵까지는 '넝마주이'와 그 후예들의 일이었다. 시간이 지나자 그들이 사라졌다. 아니, 모두가 이들이 사라진 줄 알았다. 아니었다, 싼 값의 고철이나 폐지가 대량 수입되는 상황이 발생하자 기존의 집단들이 와해되었을 뿐이다.[13] 연이어 도시 곳곳에 쓰레기통이 놓이고, 쓰레기차와 청소부가 늘어나며 이전 넝마주이들의 역할이 필요 없어지긴 했지만, 넝마주이라는 '직업'은 가난한 노인들에게 물려졌다. 도시의 정책은 "쓰레기통을 여는 사람들은 쓰레기를 버리는 사람과 수거 업체의

---

**12**    일리히, 2009: 210쪽

**13**    김미경, "해방 50년, 삶의 발자취를 찾아서① 넝마주이", 〈한겨레〉, 1995년 1월 8일.

종사자"만이길 바랐지만, 이는 이상에 불과했다.[14]

공동의 쓰레기통이 없는 제도와 산업의 빈틈을 재활용품 수집 노인들이 비집고 들어간 것이다. 재활용 산업은 '배출 → 수집/운반 → 처리'의 3단계에 각각의 주체들이 매개되어 있다.[15] 배출 과정에는 배출자가, 수집/운반 과정에는 재활용사업자[16], 재활용의무생산자[17], 자치구, 나카마[18], 재

---

**14**　파리의 경우에도 쓰레기를 비닐에 넣어 밀봉하고, 뚜껑이 달린 커다란 통이 등장한 후에 넝마주이가 줄어들었다고 하니 말이다. (드 실기, 2009: 123~130쪽)

**15**　기후환경본부, 2013: 8쪽 참조.

**16**　가장 특징적인 주체는 재활용사업자다. 이들은 단수가 아니라, 다층적이며 복수로 존재한다. 흔히 서울 근방에서 발견할 수 있는 '고물상'이나 '자원수거업체' 등이 포함되며, '선별장'을 가리키기도 한다. 모든 재활용품이 고물상을 거치는 건 아니지만, 고물상은 폐지를 최초로 수거하고 운반한다. 종류에 따라 재활용품을 선별하는 역할을 한다. 혹은 자원수거 업체 등을 통하여 선별장으로 향한다. 선별장 역시 공공선별장과 민간선별장으로 나뉘며, 재자원화할 수 있게끔 종류에 따라 세세히 선별한다. 선별된 것은 처리를 위하여 재활용품 업체로 향한다.

**17**　재활용의무생산자는 재활용사업공제조합에 분담금을 내고, 직접 재활용이나 위탁 재활용한 정도에 비례하여 공제받는 것이 보통이다.

**18**　나카마는 '한패, 동료, 무리' 등을 뜻하는 일본어의 'なかま'를 차용

활용품 수집 노인이, 처리 과정에는 재활용사업장, 자치구, 서울시 등이 연결되어 있다. 물론 이 과정은 정부의 법·제도를 기반으로 한다.[19] 자원순환 정책의 제도적인 기반이 잘 닦였고, 정책을 통해 순탄하게 진행하고 있는 것처럼 보이지만, 사실 서울시 전체의 사정이 그렇다고는 말할 수 없다. 서울시 내부에서도 아파트와 공동주택, 사업장이 밀집한 공간과 단독주택 지역과 다세대/다가구 주택이 밀집한 공간에는 분명 차이가 존재한다. 수집/운반 과정은 아파트와 같은 공동주택 지역과 단독주택과 다세대/다가구 주택 밀집 지역을 분리하여 살펴보아야 한다.

아파트와 같은 공동주택은 배출 단계에서 재활용품 분리수거함을 설치하여 수거하는 '거점수거 방식(컨테이너수거방식)'을 택하고 있다. 분리수거함은 대개 5~6종 정도로, 환

---

한 말이다. 여기서는 별다른 소속 없이 이동하며, 폐지를 매입하는 중개상인을 가리킨다. 보통 1톤 트럭을 끌고 다니며, 재활용품을 사다가 선별업체 등에 판매한다.

**19** 유기영, 2015: 49~62쪽 참조.

경부의 지침에 따른 종이팩류, 유리병류, 금속캔류, 합성수지류 등 4종과 서울시가 자체적으로 지정한 헌 의류와 이불류 등 2종이 재활용 품목이다.[20] 수집과 운반 과정에서, 공동주택 지역에서는 대개 자체적으로 계약한 위탁업체가 정해진 시간에 재활용품을 수거하여 공공 선별장이나 민간 선별장으로 운반한다. 즉, 아파트 단지와 같은 공동주택은 지역고물상을 거치지 않고, 환경미화원이나 지자체의 위탁업체, 혹은 공동주택에서 직접 계약한 수거업체가 재활용품 분리수거함에 배출된 재활용 자원을 수집하여 공공이나 민간 선별장으로 운반한다.

강남이나 목동과 같이 도시계획을 통하여 개발 혹은 재개발된 곳, 또는 아파트와 공동주택, 사업장이 밀집한 공간에서는 정책이 원활하게 작동한다. 반듯한 길이 곳곳을 연결하고, 새롭게 조성된 건물과 대지는 구분되어 공원, 주민 공간, 쓰레기장(일반쓰레기통, 음식물쓰레기통, 재활용품 분리수거함)

---

**20**    서울특별시, 2013: 223~224쪽.

등으로 각각의 기능이 부여되어 있다.

　그러나 단독주택이나 다세대/다가구주택이 밀집한 공
간은 다르다. 복잡하게 뒤엉켜 있는 데다 정돈되거나 계획
된 공간이라 보기 어렵다. 서울시의 단독주택 지역은 모두
문 앞에 재활용품을 내놓으면 환경미화원이나 대행업체 직
원이 수거하는 '문전수거 방식'을 택하고 있다. 그러나 구마
다 분리배출 품목 수가 각기 다르다.[21] 수거차량이 진입하
기 힘든 골목은 지정한 장소(재활용정거장)에 재활용품을 배
출하도록 되어 있기도 하다. 하지만 아파트나 공동주택이나
사업장과는 달리 별도의 관리인이 존재하지 않는다. 각 지
방자치단체가 재활용품 수거를 위탁하긴 하지만, 수거가 매
일 이루어지지 않는다. 예를 들어, 몇 개 구 같은 경우는 한

---

**21**　공동주택처럼 5개 품목 이상을 분리배출하는 구로는 종로구, 중
구, 은평구, 관악구, 서초구가 있다. 반면 4개의 품목으로 나누는 구는 성동구,
강북구, 노원구가 있고, 3개의 품목으로 나누는 구는 성북구, 금천구가 있다.
별도로 분리하지 않고 혼합하는 경우는 용산구, 광진구, 동대문구, 중랑구, 도
봉구, 서대문구, 마포구, 양천구, 강서구, 구로구, 영등포구, 동작구, 강남구, 송
파구, 강동구 등이 있다. (서울특별시, 2013: 224쪽 〈표 2-29〉 참조)

주에 3일 혹은 4일 수거를 한다. 그래서 단독주택이나 다세대/다가구주택이 많은 공간의 골목에서는 쓰레기와 재활용품을 자주 발견할 수 있다. 수거 업체가 있긴 하지만, 쓰레기와 숨바꼭질을 하는 상황을 개선할 명확한 쓰레기 수거체계의 대안을 내놓지는 못한 상황이다. 물론 지자체에서 고용한 환경미화원/수거원이나 동 차원에서 '마을 일자리' 사업을 통하여 고용한 노인들에게 청소 업무를 맡기기도 한다.

## 제도의 바깥, 혹은 빈틈에 그들이 있다

골목에서의 '문전수거 방식'은 빈틈을 낳는다. 다르게 말하자면 재활용품 수집 노인들이 '낚아챌' 수 있는 가능성을 낳는다. 노인들의 재활용품 수집은 제도로부터 재활용품을 '낚아채는' 일이다. 도시가 비대해지는 과정에서 생겨난 다세대/다가구주택과 좁은 골목들에 정책과 제도라는 공공영역이 침투하는 데는 한계가 있기 때문이다. 그래서 문 앞과 골목에는 쓰레기와 재활용품이 방치될 수밖에 없다. 재활용품 수집은 정책과 제도의 빈틈이 만들어낸 변종의 직업이라고 보아야 한다.

　노인들을 위협하는 새로운 비공식적 영역도 발견됐다. 북아현동의 경우, 인근에 상가지구가 꽤 크게 존재한다. 북아현동 내부만 하더라도 웨딩 거리가 있고, 서쪽으로는 이대 앞 상가군과 신촌 상가군, 동쪽으로는 충정로에서 광화문, 멀게는 종로까지 있다. 노인들은 주거 지역에서의 일을 어느 정도 마친 후, 쓰레기가 배출되는 시간에 맞춰 상업지구로 이동했다. 상점이 장사를 시작하기 전후쯤 그 인근을 다니는 노인을 만나는 건 어려운 일이 아니다. 몇몇 상점은 노인들에게 재활용품을 나눠주는 경우도 있다. 찾아오는 모든 노인에게 주는 건 아니다. 상점 주인과 안면이 익은 사람이거나 주인 나름대로의 기준에 따라 특정한 사람을 정해 재활용품을 가져가게끔 한다. 노인들은 이런 경우 '단골을 잡았다'며 좋아하기도 한다.

　그렇지만 어떤 이들은 이런 노인들을 자신의 비용 절감에 이용한다. 한 여성은 매일 아침마다 옆 동네의 상가건물에 가서 청소를 하고, 쓸 만한 재활용품을 수집해 온다. 이

런 경우는 더 있다. 다세대주택을 소유한 한 건물주는 노인
들을 데려와 건물 내부 청소를 하게끔 하고, 그 대가로 재활
용품을 가져갈 수 있게 한다. 건물주들이 자신이 소유한 상
가 혹은 공동주택에서 노인들을 비공식적으로 '유사-고용'
하는 형태다. 청소 업무를 맡기기 위해서는 일에 걸맞은 계
약을 체결해야 하며, 노동에 준하는 임금을 지급해야 하건
만, 돈을 아끼기 위해 노인들을 끌어들인 셈이다. 여기에서
피해가 발생한다 해도 노인들을 보호할 방법은 없다.

　　재활용품 수집 노인들은 제도 바깥의 영역에 존재한
다. 다세대주택 밀집 지역에서 노인들이 재활용품 수거차
가 오기 전에 쓰레기를 선점해 수집하는 경우를 불법이라고
할 수는 없다. 상점가에서 상점 주인이 자신의 가게에서 나
온 재활용품 처리를 노인에게 맡기는 것 역시 불법적인 일
이 아니다. 도시가 늘 '공식적'인 방식으로 움직이는 건 아
니기에, 이러한 상황을 두고 무조건 잘못됐다고 할 수는 없
다. 그렇지만 이런 일로 노인들이 일시적인 금전을 취할 수
는 있겠으나, 그들의 생활 자체가 개선되지는 않는다. 게다

가 청소원으로 '불법 고용'하는 사례를 보더라도 악용될 소
지가 크다.

　노인들의 재활용품 수집은 비공식적인 노동이며, 도시
가 온전히 공식적으로만 작동할 수 없으며 비공식성으로도
작동한다는 점을 고스란히 드러내는 사례다. 그렇지만 허가
와 신고를 거치지 않고, 일종의 사각지대로서 암묵적인 용
인 아래 유지되는 상황이다. 더구나 재활용품 수집 노인들
의 수집과 판매 행위는 제도의 바깥에서 이루어지고 있기
때문에, 여기에서 문제가 발생할 때 책임 주체가 명확하지
않다는 허점이 있다.

14시 30분

카트 위에 올린 것들의 무게가 더해질수록 영자씨의 걸음은 느려졌다. 열한 시 반에 교회에 들러 열두 시까지 밥을 먹고 나왔으니, 이제 두 시간가량 거리를 헤맸다. 지나쳐 온 건 충정로에서 서대문까지, 그리고 서대문에서 다시 아현동 가구 거리까지였다. 오전부터 지금까지 움직인 거리는 대략 오 킬로미터 정도다. 걷다가 멈추는 일을 반복해 속도가 쉬이 나지 않았다. 버려진 모든 것을 줍는 것도 아니었다. 더미를 뒤져 쓸 수 있거나 팔만한 것을 골라냈고, 카트에 넣고 이동하기 쉽게끔 접고 포개는 일을 반복해야 했다. 이러다 보니 느릴 수밖에 없었다. 입추가 지났지만 여전히 뜨거웠다. 조금만 걸어도 온몸에 땀이 흘렀다.

영자씨 맞은편에서 다른 할머니가 리어카를 끌고 올라
왔다. 영자씨는 내리막에서 카트를 놓치지 않기 위해
손에 힘을 꽉 쥐고 내려갔고, 반대편의 여성은 오르막
서 절반쯤 찬 리어카에 밀려 넘어지지 않고 앞으로 향
하기 위해 온몸에 힘을 꽉 줬다. 두 사람은 서로를 흘
깃 쳐다보고 마주 지나쳤다. 영자씨는 혼잣말을 내뱉는
다. "저 할매 징허네. 많이도 주웠네. 느리적기리믄 일
났겠구먼." 이제 더 빨리 내리막을 내려갔다. 이렇게 가
구 거리를 빠져나와 아현역 방향으로 가다 보면 옛 병
원 옆 작은 사거리가 있는데, 영자씨는 거기서 오른쪽
으로 방향을 틀었다. 그쪽에는 동네서 잘된다는 식당이
몇 곳 있었다. 그 식당들은 이 시간대면 전쟁 같았던 점
심 장사를 치러낸 후 남은 것들을 길가에 내놨다. 식자
재를 포장했던 종이상자, 단무지를 담았던 용기, 간장
이나 고추장을 담았던 용기, 십팔 리터짜리 식용유 깡
통 등이었다. 골목에 들어서려 하니 합판 조각 위에 뭔
가 떨어지는 소리가 났다. 영자씨가 앞을 보니 다른 노

인이 먼저 와서 식용유캔 몇 개를 주워 담고 있었다.

"아고, 내 물렁이 저 노인네가 다 들고 가버리네. 시방

여 내 것은 없응께, 조깐 저짝으로 가야겠고만." 조용히

혼잣말을 하며 다시 방향을 틀었다.

영자씨는 아현역 앞 사거리로 다시 방향을 잡았다. 지

금 있는 서대문구 북아현동에는 가구 거리가 있고, 길

건너편 마포구 아현동에는 십 년 전에 재개발된 아파트

와 왜정 때 만들어졌다는 아현시장이 있다. 그녀는 시

장 사람들이 포장용 자재를 버리는 곳으로 향했다. 손

에 낀 장갑과 옷이 땀에 흠뻑 젖었지만, 천천히 앞으로

걸었다. 갑자기 클랙슨 소리가 들렸고, 개조한 오토바

이 한 대가 그녀 옆을 지나갔다. 어떤 놈이 저리 막 달

리는 건지 궁금해 앞을 보니 아는 얼굴이었다. 이름도

나이도 정확히 모르지만 비슷한 연배로 보이는 그는 수

레를 붙여 삼륜차로 개조한 오토바이를 타고 있었다.

수레엔 상자, 플라스틱, 고철 등이 마구잡이로 쌓여 있

고, 검정 고무줄로 꽁꽁 묶였다. 저 앞에서 그가 멈췄

다. 영자씨가 향하던 곳으로, 시장 상인들이 내놓은 상자와 깡통 등이 가득한 곳으로.

그녀는 가다 멈췄고, 다시 뒤로 돌았다. 어차피 그곳에 간다 한들 그녀가 챙겨 갈 건 없었다. 시장 반대편으로 향했다. 삼십 분도 안 되는 시간 동안, 가는 곳마다 (그녀의 표현대로라면) '싹 쓸어가는 종자'들이 있어 세 번째로 방향을 틀었다. 이번 길에 확신은 없었다. 그쪽 편에는 문 닫은 가게들이 많고, 늦은 오후부터 장사하는 방석집 몇 곳뿐이었다. 보통이라면 이 시간엔 주워 갈 것들이 많지 않다. 그렇지만 빈손으로 돌아갈 순 없으니 일단 가보기로 했다. 아는 사람을 만날까 시장 안을 가로질러 갈 수는 없어서 시장 바깥의 큰길로 다시 나가 돌아갔다. 가는 내내 마음이 바빴다. 마음속으로 정한 곳에 도착했다. 역시 그 양이 많지 않다. 종이상자, 이십 리터짜리 허연 플라스틱 간장통 세 개, 삼점삼 킬로그램짜리 케첩 깡통 한 개. 그나마 그 안이 깨끗한 것들을 골랐다. 지저분한 건, 카트에 묶어둔 걸레를 풀어 닦

아냈다. 케첩과 간장이 손에 묻었다. 딱히 닦을 손수건이 없어서 지저분한 걸 훔쳤던 걸레에 손을 쓱 닦고, 다시 바지춤을 올렸다.

영자씨는 빠르게 다른 곳으로 가려 했다. 그렇지만 문제가 생겼다. 과속방지턱 하나를 넘다가 카트에 쌓아둔 것들이 쏟아져버렸다. 영자씨가 끌고 다니는 건 높이가 일점삼 미터 정도 되는 파란색 산업용 카트였다. 리어카에는 옆면이 있지만, 산업용 카트는 바닥뿐이라 물건을 쌓고 고무줄로 고정을 해야 했다. 차곡차곡 쌓아도 흘러내리는 일이 잦았다. 더구나 이번에는 차가 다니는 골목 가운데서 흘려버렸기에 영자씨의 마음이 급했다. 그녀는 급한 손으로 종이상자를 맨 아래부터 다시 쌓았다. 그 위에 깡통을 얹고, 고무줄을 카트 위아래로 꽉 쪼맸다. 하얀 간장통 세 개는 손잡이에 매달았다.

## 리어카와 카트

북아현 지역에는 언덕이 많다.[1] 그래서인지 아현 지역의 운반 수단으로는 리어카보다는 가벼운 보행기나 유모차, 손수레 등이 자주 보인다. 조사를 준비하는 과정에서는 리어카를 끄는 사람들을 쉽게 만날 수 있으리라 예측했었다. 그렇지만 막상 나가보니 특히 여성노인 가운데 리어카를 끄는 사람보다 카트를 끄는 사람이 더 많았다. 그 이유는 단순했다. 골목에서 만난 어떤 여성노인은 다음과 같이 말했다. "리어카로 안 가. 구루마로 이래 가가는데도. …왜 장사하는

---

[1]    〈언덕을 살아가는 사람들〉(서울역사박물관, 2010)이라는 기록자료의 제목은 아현 지역에 거주하고 폐지를 수집하는 사람들의 삶을 잘 설명하고 있다.

사람들 구루마 넙덕한 거 있지? 거기 얹어가지고 댕기. 리어카는 거서[고물상에서] 줬는데 무거워서 못 가지고 댕기겠어." 여성노인들이 리어카를 끌기 위해서는 리어카 자체의 무게뿐만 아니라, 리어카에 싣는 재활용품의 무게까지도 감당할 수 있는 체력이 있어야만 했다.[2]

운반 도구와 수집품의 무게를 몸으로 지탱하며 언덕을 오른다는 건 어지간한 남성에게도 쉬운 일이 아니었다. 〈조선일보〉의 기자 이영빈은 상체에 허리를 세울 수 없게 한 특수 조끼를 입고, 양 발목과 손목에 2~3kg의 모래주머니를 두르고, 무릎과 팔꿈치, 손가락에는 관절을 굽히기 어렵게 하는 패드를 착용하고 수레를 끌며 재활용품을 줍는 체험을 했다. 그는 "폐지가 허리 높이까지 쌓이자, 수레 운행이 어려워지기 시작했다. 10cm 정도 되는 보도 턱에 걸려

---

**2** 리어카의 무게만 하더라도 50kg 이상으로 알려져 있는데, 리어카를 운송 수단으로 선택한 남성노인은 100~200kg 정도, 여성노인은 100~150kg 정도를 운반한다. 그러나 이 정도의 재활용품을 고물상에 팔아도, 10,000원 넘게 받기 어렵다.

도 수레가 옆으로 기울며 폐지가 쏟아져 내렸다. …신호등 없는 횡단보도를 건널 때는 차가 멀리 보여도 수레를 빨리 끌 자신이 없어 선뜻 건너기 어려웠다. …억제대를 착용했던 팔다리 오금에 피멍이 들어 있었다. 온종일 굽어 있던 손가락과 허리에는 힘이 들어가지 않았다.”고 적었다.[3] 자극적인 표현으로 읽히지만, 리어카나 수레의 금속 부분과 닿는 노인들의 피부에 멍과 굳은살이 생긴 걸 염두에 두면 이해가 된다. 노인들의 하루는 젊은 기자의 체험 그 이상일 것이다. 특히 리어카를 자유자재로 옮길 수 없는 부분은 노인에게 늘 두려움을 갖게 한다. 그/녀들은 150~250kg 정도 무게의 리어카를 골목에 주차된 자동차나 사람들과 부딪히지 않게 끄는 일로 힘들어했다. 사람이나 주차된 차와 부딪히게 되면 치료비나 수리비를 물어줘야 하는데, 이런 상황을 방지하기 위해 여성들은 자신이 감당할 수 있는 손수레나

---

**3**    이영빈, “폐지 100kg 모아봐야 겨우 5000원 … 노인들은 왜?”, 〈조선일보〉, 2019년 6월 1일.

카트 혹은 유모차를 선택하는 것으로 보인다.

## 재활용품 수집이라는 생태계

재활용품을 줍는 이들 사이에는 일종의 포식자 관계도가 있다. 여성노인들에게 남성노인들은, 남성노인들에게 젊은 청·장년층은 일종의 상위포식자와 같다. 최근에는 청·장년층, 혹은 외국인도 폐지 수집을 한다는 이야기를 들을 수 있다. 다양한 상황에 있는 사람들의 유입은 노인들에게는 커다란 부담이 된다. 사실상 경쟁이 심화되고 있는 상황이다. 그중에서도 여성노인은 이 생태계에서 가장 아래에 위치한 존재다. 길거리에서 만난 여성노인들은 힘든 점 중 하나로 빠른 남성노인을 꼽는다. 길거리에 놓인 재활용품을 발견하여도 재빠른 남성노인들이 가로채 가는 경우가 있다. 재활용품 수집이란 몸이 경쟁하는 노동이기 때문에 남성의 존재는 위협적이다.

여성들은 남성들과의 신체 경쟁에서 불리한 상황에 처해 있다. 첫째, 여성들은 남성에 비해 신체적 활력이 떨어지는 경우가 많아 힘과 속도가 달린다. 여성들은 박탈당하기 일쑤며, 남성들로부터 패배감을 겪는 일이 많다. 거리에 주울 거리가 놓여 있는 상황에서 그것을 본 모두가 속도를 낸다. 이 과정에서 넘어지기도 한다. 게다가 재빨리 걷기 때문에 주변의 차량이나 사람을 보지 못해 부딪힐 위험 역시 있다. 특히, 남성이 자동차나 자전거와 같은 동력차량을 이용해 이동한다면, 여성은 그 속도를 따라잡을 수가 없다.

둘째, 주울 수 있는 물건에 차이가 존재한다. 여성들은 남성에 비해 주울 수 있는 종류가 많지 않다. 골목에 널린 쓰레기의 종류는 가지각색이다. 종이상자와 신문지 같은 폐지는 물론이고, 금속 파이프, 나무 액자, 의자, 냉장고와 텔레비전, 전자레인지 같은 가전제품까지 그 양이 많다. 그렇지만 남성들에 비해 힘이 달리는 여성들은 가능한 한 가벼운 것 위주로 줍게 된다. 이런 경우도 있었다. 한 여성이 오래된 텔레비전을 카트에 옮겨 싣기 위해 애를 쓰고 있었다. 한 남성이 드는 것을 돕겠다 말하며 다가왔다. 여성이 손을 놓자, 남성은 그 텔레비전을 번쩍 들어 자기가 들고 앞으로 가버렸다. 여성이 소리를 질렀지만, 그 남성은 아무 말도 하지 않고 가던 길을 갔다. 염치없고 부도덕한 일이지만, 간혹 발생하는 일이다.

그렇기에 여성과 남성은 재활용품을 운반하는 데 사용하는 도구와 수거 주기에 차이가 있다. 남성들은 대개 리어카를 끄는데, 간혹 자전거나 오토바이에 리어카를 연결하는 경우도 있으며, 혹자는 오래된 자동차에 시트를 걷어내고 그 자리에 온갖 고물을 넣었다. 여성은 등에 가방을 짊어지는 사람, 노인용 보행기를 끌고, 카트를 이용하고, 간혹 리어카를[4] 직접 끄는 사람이 있다. 관찰한 한에서, 할머니들은 카트를 끌고 다니는 경우가 많았다. 그리고 여성들은 가능한 '조금씩 자주' 줍는 전략을 택한다. 운반 도구에 실을 수 있는 양이 적기 때문에, 보행기와 카트가 차면 집에 내려놓고, 다시 나와 수집을 하는 방식이다. 게다가 '부양'하는 가족이 있는 경우, '조금씩 자주' 줍는 일이 많다. 골목을 돌아

---

**4**　리어카는 직접 구입하지 않고, 고물상에서 대여하는 것이 보통이다.

다니다가도 식사 시간에 맞춰, 혹은 환자의 생리적 현상이 발생하는 시간에 맞춰 집에 돌아간다. 여성노인은 여전히 일과 가사라는 두 짐을 함께 짊어지고 골목을 걷고 있다.

재활용품 수집 생태계서의 경쟁은 속도에서 생긴다. 앞서 언급한 대로 재활용품 수집 노인들은 재활용품 수거 체계를 비롯한 자원순환 정책의 미진한 수거 제도와 (수집한 재활용품을 재자원화하는) 재활용 산업 사이의 빈틈을 메우고 있다. 더구나 이 일을 하는 노인은 대개 동료가 없다. 그렇잖아도 가장 낮은 위치에 있는 여성노인들은 이 속도 경쟁에서도 뒤로 밀린다. 즉, 여성노인들은 대개 자신의 편 없이, 자신보다 신체적 능력이 나은 모두와 경쟁한다. 주인 없는 재활용품을 둘러싼 외로운 노인들 간의 경쟁은 계속해서 심화되는 중이다.

이 생태계를 유지하게 하는 건, 노인들의 일과 그 안의 경쟁뿐만은 아니다. 이 생태계는 보다 젊은 세대들 혹은 보다 부유한 계층의 책임을, 더 나아가 제품을 제조하는 업체의 의무를 대신하는 역할을 한다. 거칠게 말하자면, 노인은 젊은 세대와 부유한 계층에 의해 착취당하고 있는 셈이다. 착취하는 세대와 계층은 재활용품 수집에 나선 노인들을 보며 그 이유를 두고 골목에 상자가 널려 있기 때문이며, 노인들은 가난하기 때문이라고 말하곤 한다.

종이상자의 생산량·배출량이 늘어나는 현상은 노인을 착취하는 일을 심화시키고 있다. 배달과 온라인 쇼핑이 활성화되며 종이상자의 사용량이 끊임없이 늘어나고 있다.[5] 집과 가게마다 다 쓴 종이박스의 배출량도 늘어났다. 그렇지만 젊고 부유한 소비자들은 폐품의 배출과 처리에 대한 책임을 느끼지는 않는다. 그들은 종류에 따라 '분리수거'를 하면 자신의 책임을 완수했다고 여긴다.[6] 게다가 종이박스

---

[5]    종이상자는 19세기의 산물이며 20세기 이후에는 거대한 자본주의의 상징이 되었다. 종이상자의 쓸모는 무척 뛰어나다. 제조업체나 운수업체는 개수를 세기 쉽고, 저장이 간편하며, 운반하는 데 시간을 절감할 수 있고 튼튼하고 효율적이다. 소비자 역시 비닐보다 종이상자가 파손 위험성이 낮고 안전하게 배달되어 온다고 생각한다.

[6]    그렇지만 종이상자의 양이 급격히 늘어난 상황에서 '분리수거'만으로 소비자가 책임을 다하는 건 아니다. 구청과 계약을 맺은 쓰레기 수거 업

가 늘어나면, 노인들이 수집할 것도 생기니 도움을 준다고 생각하는 경우도 있다. (소비자가 노인들에게 돈을 더 벌 기회를 준 게 아니다!) 무엇보다 종이박스가 골목에 쌓여 있는 데 대한 책임은 대개 정부와 위탁 청소업자에게 있다고 여긴다.

사실 착취의 문제는 최초로 상품을 생산한 제조업자에게서 시작된다. 즉, 상품과 함께 포장재를 생산한 제조업자와 소비자에 포장재를 처리해야 하는 책임이 있는데, 이를 노인들이 전용하는 것으로 보아야 한다. 노인들은 누구도 책임지지 않는 틈을 타 재활용품을 낚아채는 것이다. 즉, "기술적 진보와 기업조직의 변화, (소비자의) 한 번 쓰고 버리는 물건을 사용하는 습관, (불완전한) 도시 당국의 쓰레기 수거 시스템"[7], 그리고 생산자가 생산품의 처리에 대한 의무를 다하지 않는 상황이 재활용품 수집 노인들을 존재하게 한다.

---

자는 계약한 양만을 수거하는 상황이며, 이 양이 넘칠 때는 단번에 처리를 하지 못하는 상황도 생긴다. 노인들이 수집할 틈이 생긴다고 해서 모두가 도움을 주고받는 관계라고 생각할 수는 없다.

7    스트레서, 2010: 303~304쪽.

16시 30분

영자씨는 목이 말랐다. 그녀는 세 시간 만에 집으로 돌아갔다. 집으로 가는 길엔 동사무소와 복지관이 있었고, 거기에도 정수기가 있었다. 그렇지만 집에 가서 물을 마셨다. 동사무소는 특히 위험했다. 동사무소에서 아는 사람을 만나기가 싫었다. 그렇지만 다른 속내도 있었다. 동사무소나 복지관에는 카트를 가지고 들어갈 수도 없고, 바깥에다 카트를 세워놓을 수도 없었다. 일을 처음 시작했을 때, 용변을 보기 위해 카트를 바깥에 놓고 동사무소 화장실에 다녀왔다. 몇 분도 지나지 않았는데, 카트가 사라졌다. 당황스럽고 분한 마음으로 카트를 찾으러 다녔지만 찾을 수가 없었다. 그렇게 허탈하게 허탕을 친 일이 있어 영자씨는 일을 하다 말고 집으로 향한 것이다. 우선 카트에 있던 것들을 빼 집 안에 들여놨다. 영자씨는 곧장 손을 씻고 물을 한 잔 마셨다. 화장실에서 볼일까지 본 후, 그녀는 골목으로 카트를 끌고 다시 나섰다. 골목에 서니 한낮의 햇볕이 따끔하게 느껴졌다. 해가 지기 전까지 가능한 한 열심히 모으러 다녀야 했다.

집에서 아랫길로 내려가는 길에 같은 경로당에 다니는 형자씨를 만났다. 형자씨는 엊그제 영자씨에게 전화를 걸어 빗길에 다리를 다쳤고, 자신의 드센 팔자가 서럽다는 한탄을 잔뜩 늘어놨었다. 그러고는 자신은 폐지 줍는 일을 당분간 못하겠다고 했다. 그랬던 형자씨였는데, 가방을 메고 깁스를 한 다리로 절뚝거리다 영자씨를 마주친 것이었다. 영자씨는 형자씨를 보자마자 나무랐다. "쉰담서 여서 뭐하요? 후딱 집에 가시오." 형자씨는 답했다. "언니, 그만 뭐라고 하씨오. 몸뚱아리가 근질근질해서 어쩌겠소. 아가들 간식값이라도 쥐여줄라믄 이거라도 주워야 않겠소." 영자씨는 형자씨를 향한 잔소리를 멈췄고, 말을 이어갔다. 그럴 만도 한 게, 형자씨는 정보가 빨라서 매일같이 인근의 고물상 여기저기에 전화를 걸고, 폐지와 플라스틱의 오늘자 매입 시세를 꿰는 사람이었다.

영자씨는 말을 바꿨다. "그란데 뭣 좀 주웠는가?" 형자씨는 답답함이 섞인 목소리로 말했다. "쩍쩍 끌고 다니는 이 다리 땜시 신문지랑 잡지 얼마밖에 줍도 못했소. 아까침에 고물상 주인네들하고 통화혔는디, 오늘은 얼마 못 받겄다 하여라. 그니께 시방 덜 억울하긴 혀요." 영자씨는 솔직하게 물었다. "그래도 그것이 상자보담 더 치니께, 애썼지라. 그자, 오늘 어느 고물상이 돈 좀 더 쳐준다요?" 형자씨는 자신이 가진 정보를 풀어놨다. "이, 가차운데 저는 싸고, 삼십 원이라 하지 않겠소. 아래께 신수짝 가믄 십 원 더 친다지라." 영자씨의 마지막 답이 이어졌다. "신수까지 가믄 해질꼴새 대어야겠지라. 시방은 못 팔겄소. 손주들이 자네 먹여 살려준당가. 싸게싸게 줍고 집으로 가시요." 영자씨와 형자씨는 다음에 또 통화하자 말하며 헤어졌다.

이어 아랫길에 다다르자 그녀의 셈이 시작됐다. 신수동에 위치한 고물상까지 가는 길을 생각했다. 북아현동에서 신수동까지 가장 빠른 길은 삼 킬로미터 정도 거리로 아현역에서 이대역까지의 높은 오르막을 올랐다가 이대역에서 대흥역까지의 가파른 내리막을 지나는 길이 있었다. 그나마 가는 길이 편한 건, 아현역에서 애오개역을 지나 공덕역까지 가는 큰길을 따라 내려가고, 대흥역 쪽으로 향하는 길이었다. 그렇지만 오르막과 내리막이 없을 뿐이지, 거리가 더 먼 데다 차와 사람이 많아 어려운 건 마찬가지였다. 영자씨는 상자를 더 모아 내일이나 모레 한 번에 팔기로 결정했다.

그녀는 운이 좋길 바라는 마음으로 다세대 빌라가 많은 골목으로 갔다. 재활용품이 나오지 않는 시간이라 그런지 재활용품을 줍는 사람이 안 보였다. 자신을 앞선 사람들 때문에 곤두섰던 영자씨의 신경이 가라앉았다. 한 빌라 앞을 지나는데 젊은 남성이 상자를 잔뜩 들고 나와 골목에 내려놨다. 그는 영자씨를 보고 재빨리 건물 안으로 뛰어 들어갔다. 지금은 아무도 없었지만, 영자씨는 누가 그 상자를 훔쳐갈까 봐 재빨리 뛰어갔다. 영자씨는 운이 좋다고 생각했다. 크고 작은 상자가 열 개 넘게 있었다. 영자씨는 문득 궁금해졌다. 동네 사람들이 대체 뭘 사길래 이 상자가 이렇게 많이 나오는지. 영자씨가 경험한 바로는 모든 상자에 폭탄 그림이 있었고, 그 폭탄 안에 '로켓배송'이라 적혀 있었다. '로켓배송'이라는 회사는 들어본 적이 없었다. 영자씨는 이해가 되질 않았다. 상점이 어디에 있으며 또 얼마나 큰지, 어떻게 하루 만에 이렇게 많은 사람들이 이 상자를 내다버리는지 말이다. 그래서 영자씨는 '로켓배송'을 상자를 만드는 회사 이름이거나 삼성이나 현대 같은 크기의 새 재벌회사로 알았다.

상자를 더 줍기 위해, 영자씨는 저녁 장사를 시작하는 가게가 모인 곳 근처로 가기로 마음먹었다. 그녀는 다시 큰길로 나가는 작은 골목길에 들어섰다. 이곳 역시 양옆으로 다세대주택이 있었다. 이곳에는 상자를 줍는 사람이 많이 살았다. 그래서인지 건물 입구 옆에 상자를 쌓은 후 비닐로 꽁꽁 싸맨 더미가 많았다. 그녀는 괜한 의심을 피하려 옆을 둘러보지 않고, 카트를 쭉 밀고 나갔다. 한 다세대주택의 입구 옆을 지나던 때였다. 그곳엔 나무로 된 기다란 의자가 있었고, 나이 든 여성 몇이 앉아 있었다. 그녀들 모두는 같은 빌라에 살거나 옆 빌라에 사는 사람들로 보였다. 영자씨가 그 사람들의 얼굴을 쓰윽 보니 길에서 마주쳤던 이가 있었다. 그이도 영자씨를 본 적이 있었던지, 영자씨에게 툭 말을 건넨다. "할매, 많이 했소?" 영자씨는 머뭇거리며 답했다. "얼마 못했지라. 거 할매는 어따 파셨소?" 앉아 있던 이는 "쩌기 충현동 기찻길 옆이 삼십오 원에 사대요." 영자씨는 다시 물었다. "중국이 어쩌고저쩌고 해서 폐지값이 폭락을 해쌌는데, 할매는 괜찮으요? 고물상서 을매나 줬소?" 그이는 "오늘 리어카 하나 채웠응께 백팔십 키로 좀 넘었구먼. 사백 원 더 받아서 칠천 원 했네, 어제 오늘. 중국이 해쳐먹는지 고물상이 해쳐먹는지 모르겄소."
영자씨는 부러운 목소리로 답했다. "지보담 허벌라게 해
부렀소. 시방 금일에 쬐깐만 했지라." 영자씨는 인사를
했고, 발걸음을 재촉하며 다시 가던 길을 갔다.

## 재활용품 수집이라는 일의 어려움

노인들을 만나며 관찰할 때마다 깔끔하게 정리되지 않는 질문들이 있다. 재활용품을 줍는 일은 하루에 몇 시간이나 할까? 하루의 이동 거리는 얼마나 될까? 그/녀들은 대체 밥은 언제 먹고, 용변이 급할 땐 어떻게 할까? 어떤 위험이 있을까?

용변이 급해도, 여성들은 공공시설이나 식당 화장실을 이용하지 못한다. 자리를 비운 사이 수집한 재활용품과 운반 도구를 '도난'당하기 일쑤기 때문이다. 그래서 그녀들은 용변이 마려울 때마다 늘 집으로 향한다. 집에서 한참 떨어진 곳에 있었다 하더라도.

얼마 전의 발표회에서 이런 질문을 받았다. "재활용품을 수집하는 곳은 집에서 가까운 쪽으로 선택하나요. 혹은 고물상에서 가까운 쪽으로 선택하나요." 답을 명쾌하게 하지는 못했다. 그렇지만 한 가지 정도는 확실하다. 집 근처를 오가며 적은 양을 자주 줍는 이들은 용돈벌이로 재활용품을 줍는 사람이다. 그 외에는 너무 다양하다. 특히 수집 대상지를 정하는 것만을 놓고 보면, 어떤 이는 자신의 주거지에서 상업 지역을 오가기도 하고, 어떤 이는 자신의 주거 지역을 반복하여 돌기도 하고, 다른 이는 아예 자신이 생활하는 지역에서 멀리 떨어진 핵심 상권에 가 줍는다.

북아현동에서 만난 한 여성은 하루의 이동 거리에 대한 질문에 "여기서 시작해서 서대문을 거쳐가 저짝 종로3가까지 쳉일 갔다 왔어라."고 말한다. 지도에서는 직선 거리로 왕복 7~8km쯤 된다. 그렇지만 북아현동에서 서대문까지 가는 길은 오르막이고, 곳곳에서 골목을 돌아다녔으리라는 가정을 하면 실제 이동 거리는 이보다 길 게 분명하다. 〈중앙일보〉의 한 기사에 나온 노인의 경우도 있다. 그는 오전 5시 30분에 집인 관악구 신림동에서 종로구 탑골공원까지 대중교통을 이용해 이동한다. 6시에서 7시 사이, 탑골공원

인근 고물상에서 자신에게 할당된 손수레를 끌고 나와, 아침부터 오후까지 인사동을 계속 맴돈다.[1] 〈경향신문〉은 은평구에 사는 한 남성의 이야기를 전한다. 그는 "하루에 버스 네다섯 정거장 되는 거리를 두세 번씩 … 왔다 갔다 한다." 이들의 경우는 각기 다르지만, 생계비를 벌기 위해 일한다는 점만은 같다.[2]

## 고물상과 노인의 관계 — 재활용품 판매가는 어떻게 정해지는가

노인들이 폐지를 어디에서 어떻게 줍는지와 함께 그들이 어떤 고물상에 내다 파는지에 대한 답이 같이 이뤄져야 한다. 물론 고물상을 선택하는 데 있어, 고물상 주인과의 관계 역시 주요한 요인이다. 한 여성노인은 "그런데 한군데 댕기다가 다른 데 못 가요."라고 말한 바 있다. 게다가 거래가 정가

1    윤상언, "8시간 주운 폐지값 7000원 … 78세 '그래도 이게 우리 노부부 생명줄'", 〈중앙일보〉, 2019년 7월 17일.
2    박송이, "재활용산업 먹이사슬의 끝에서 살아가는 '폐지 줍는 노인', 〈경향신문〉, 2016년 4월 30일.

제로 이루어져 있기는 하지만, 고물상 주인과의 친밀도에 따라 가격이 일부 조정되기도 한다. 노인들은 노동 외에도 고물상 주인과의 관계 역시 의식할 수밖에 없다. 이 노인은 이전에 거래하던 고물상 주인이 "할머니는 왜 여 갔다 저 갔다 이러는가?"라고 하자, 해당 고물상에 더 이상 가지 않는다고 한다.

무엇보다 노인들이 재활용품을 팔 때 중요하게 생각하는 것은 가격이다. '노인' 사이에서 시세 정보가 흘러 다니는 경로를 알 수도 있다. 노인들은 단일한 고물상에 팔기도 하지만, 소문을 통해 판매할 고물상을 매일 매일 다르게 정하기도 한다. 노인들이 가격에 대한 정보를 수집하는 방법은 고물상에 전화를 걸어 오늘 시세를 묻거나, 같은 일을 하는 지인에게 시세를 묻는 것이다. 오지랖이 넓은 노인들은 아침나절에 재활용품을 팔고, 지인들에게 전화를 일일이 걸어 '어느 고물상이 싸더라'는 정보를 흘리기도 한다. 노인들 사이에서 가장 중요한 정보 전달은 입과 입을 통해 하나의 소문으로 전해진다.[3] 판매처가 고정되지 않은 상황에서, 노인들에게 이 '소문'은 하루 노동의 가치를 정하는 중요한 요소다. 게다가 한 고물상이 조금이나마 가격을 더 준다는 소문을 들으면 수 킬로미터를 더 걸어서라도 그 고물상에 가서 거래를 하기 마련이니, 노인들의 이동 거리는 어떤 고물상이 더 많이 값을 쳐주는가에 따라 결정된다.

그렇지만 '가격'의 결정에 노인들과 고물상의 영향은 미미하다. 이 가격은 제도에 의해 정해지기보다는, 최종 구매자인 제지업체가 정한 가격에서 중간 유통 과정에서 발생하는 이윤들을 뺀 가격으로 결정되는 형편이다. 중앙일간지에서 재활용품 수집 노인에 대한 기록은 〈한겨레〉 1996년 12월 9일의 기사에서 찾아볼 수 있는데, 여기에서는 폐지 가격이 폭락하자 노인들이 폐지 수집을 그만두고 있다고 보도하고 있다.[4] 폐지 가격의 변동은 재활용품 수집 노인들의

---

**3**　재활용품 수집 노인들 사이에서 '밴드(BAND)'와 같은 메신저를 사용하는 이들도 가끔 발견할 수 있다.

**4**　신문지 값이 1년 전인 1995년에 1kg당 100원, 골판지 1kg당 70원 이었으나, 1996년에 들어 신문지 1kg당 40원, 골판지 1kg당 30원 대로 떨어

생활에 직접적으로 연결되어 있다.

그렇다면 골판지를 생산하는 업체는 어떻게 폐지 가격을 결정하는 것일까? 한국의 제지업체들은 매년 1,100만~1,200만 톤 정도를 생산했다(2010~2018년). 20%의 펄프와 80%의 폐지를 섞어 생산하는데, 폐지 가운데 국내산이 800~900만 톤(85% 내외), 수입산이 130~150만 톤(15% 내외)이다.[5] 2017년 중국이 미국으로부터의 폐지 수입을 중지하겠다는 발표를 한 직후, 폐지의 매입 가격이 크게 흔들린 시기를 통해 가격이 정해지는 과정을 알 수 있다. 이로 인해 미국 내부에서 폐지를 처리할 수 없는 상황이 발생했고, 폐

---

졌다고 보도하고 있다. 당시 절반에 가까운 가격으로 폭락했다는 점에서 당시 경제 상황의 어려움을 살펴볼 수 있다. 이 가격은 끊임없는 변동이 있었으나 2017년까지 유지되었다. 그렇지만 2020년 현재는 이 1996년의 폭락한 가격대와 유사한 수준이다. (〈한겨레〉, 1996년 12월 9일)

**5** 한국의 폐지 생산총량을 살펴보기 위해서는 국내에서의 폐지 수집 사용량인 800~900만 톤에 해외 수출량인 39만(2019년)-57만(2017년)-74만 톤(2018년) 등을 합산해야 한다. 이 수치는 수출입무역통계에서 HS코드 4707 항목으로 검색한 결과다. 또한 환경부(2019)의 〈제1차 자원순환기본계획(2018~2027)〉도 참조했다.

지 가격이 하락했다. 국내의 제지업체는 미국산 폐지가 값이 싼 데다 이물질이 적다며 미국산 폐지의 수입을 늘렸다.[6] 따라서 국내에서 재활용품 수집 노인과 고물상들의 폐지 매도 가격이 낮아졌다.[7]

이렇게 폐지 가격은 "중국의 경제상황, 국제 유가, 국제 원자재 가격, 국내 경제상황"[8] 등을 변수로 결정되며, 제지

---

6    이런 상황에 대해 홍수열은 '수입단가'는 "제지사에서 수입하는 단가"이며, 국내단가는 "압축업체에서 매입한 단가"로 단순 비교가 어렵다고 말했다. 최종적으로 제지업체가 매입하는 가격을 정리하면 다음과 같다. 수입산 폐지의 경우는 '수입단가'에 항구에서 제지사까지의 운반비용을 더해야 한다. 국내산 폐지의 경우, 제지업체에서 매입하는 가격은 국내단가(압축업체에서 매입한 단가)에 압축업체에서 압축한 비용과 제지사까지의 운반비용, 그리고 압축업체의 이윤을 더해야 한다. 그리고 제지업체에서 같은 양을 사들이더라도 수입산 폐지는 이물질이 적어 최종적인 단가가 비슷하다. 그렇지만 국내산 폐지는 이물질이 혼입된 양이 많다며, 주관적으로 그 값을 임의로 감하는 일이 많다, 즉, 실질적인 단가가 낮다. 게다가 제지업체는 폐지를 수입할 때, 자신들이 필요한 시기보다 몇 달 전에 주문을 한다. 때문에 폐지가 국내에 도착했을 때, 폐지가 과잉공급 상태인 경우 국내 시장의 폐지 단가가 혹 떨어지는 일도 있다. (자원순환사회경제연구소 홍수열 소장 블로그; 임예리, "'고철', '헌옷', '폐지'로 보는 폐자원 공급망의 비밀", 〈CLO〉, 2016년 12월 15일)

7    환경관리공단 재활용시장관리센터, 2018.

업체의 매입 가격에서 중간업체들이 자신의 이윤을 계산하고, 최종적으로 고물상이 자신들의 이윤을 측정해 매입 가격을 결정한다. 이 과정 어디에서도 노인들의 노동 시간과 노동 강도가 고려되지 않으며, 노인들은 가장 낮은 이윤을 취하는 고물상을 찾아야 그나마 나은 이득을 얻을 수 있는 구조다.[9]

1kg의 폐지를 판다고 가정하였을 때, 고물상으로부터 받는 가격은 10년 전에 비해 더 줄었다. 2009년 8월에서 2014년 1월까지의 기간 동안 폐지 가격은 최대 203원(2011년 9월), 최소 68원(2012년 11월)이라는 차이가 존재하긴 하지만, 평균 133원 정도로 현재에 비해 높게 형성되었다. 반면, 2020년 9월 현재, 폐지 가격의 전국 평균은 66.6원이다.[10]

---

**8**    강재성, 2016: 98쪽.

**9**    구리, 주석, 알루미늄, 아연, 납, 니켈과 같은 비철금속류의 시세는 영국의 런던에 위치한 런던금속거래소(London Metal Exchange, LME)에서 매일 정한 가격에 의해 거래된다.

**10**    폐지의 판매 가격을 참조할 때 한국환경공단에서 조사한 〈재활용

이것은 제지업체와 중간처리업체 사이의 거래에 참조되는 가격이다. 노인들이 고물상과 거래하는 가격은 여기서 중간 과정에서의 이윤을 제하고, 고물상의 이윤을 뺀 가격 정도다.[11]

## 고물상의 모순

재활용품 수집 노인은 재활용품을 골목에서 수집해 고물상에 판매한다. 앞에서 골목에서 재활용품을 줍는 일이 제도로부터 재활용품을 낚아채는 일이라 설명했는데, 재활용품을 판매하는 일 역시 '비공식'의 행위다. 비제도권의 영역으로 분류하는 이유는 고물상의 법적 지위 때문이다.[12] 노인들

---

가능자원 가격조사〉의 수치를 살펴보게 된다.

**11** 폐지는 일반적으로 골판지와 신문지로 나뉜다. 이는 〈재활용가능자원 가격조사〉에서도 확인할 수 있는데, 보통 신문지가 골판지보다 비싸다. 이보다 더 비싼 건, '백판지'로 주로 고급제품의 포장지로 쓰인다.

**12** 지자체가 고용한 환경미화원이나 민간위탁업체에 의한 '제도권의 영역'과 주로 도보꾼과 나카마에 의해서 고물상을 통해 이루어지는 '비제도권의 영역'이 공존하고 있다.

이 재활용품을 내다 파는 도심의 고물상은 대개 불법인 상태에 놓여 있다. 환경부에서는 〈폐기물관리법〉에서 "특별시·광역시의 경우 1,000㎡(약 302평) 이상, 시·군 2,000㎡ 이상 규모의 고물상"에 대하여 폐기물 처리 신고를 하게끔 하였고, 이보다 작은 규모의 고물상들은 별다른 신고를 하지 않아도 된다고 발표하였다.[13] 여기까지는 별문제가 없는 것처럼 보이지만, 〈건축법〉에서는 도심의 작은 규모 고물상을 불법으로 간주했다. 고물상은 〈건축법〉에 의해 '분뇨 및 쓰레기 처리시설(이후 자원순환 관련 시설로 개칭)'로 분류되었고, 〈국토의 계획 및 이용에 관한 법률 시행령〉 제71조(용도지역 안에서의 건축 제한)에 따라 주거 지역과 상업 지역 등에서 활동하는 것이 금지됐다.[14] 즉, 노인(과 고물상)의 처지는 '자원순환 정책' 혹은 '재활용 산업'으로도 불리는 산업의 끄트머

---

**13**　환경부 자원순환국 재활용관리과, 2013.

**14**　이후 자원순환 관련 시설로 개정되었음에도 문제는 여전하다. (은수미 의원실, 2012: 14쪽 참조)

리 어딘가에 위치한 비공식적인 존재로 보아야 한다.[15] 고물
상과 노인들은 모두 일종의 사각지대에 존재하며 사회의 암
묵적인 용인으로 유지되는 상황이다.[16]

재활용품 수집 과정에서 주요한 지점인 고물상을 이용
한 지원 방안도 제기된다. 고물상은 재활용품 수집 노인을
대면할 수 있는 장소로, 실태를 조사하거나 지원할 때 주요
한 포인트다. 무엇보다 노인의 수입을 보전하려는 목적에
서 고안된 '최저매입가격의 설정'과 같은 아이디어를 현실
화할 때, 고물상의 역할은 적지 않다. 그러나 고물상을 통
한 '지원'은 사실상 어렵다. 고물상의 불안정한 혹은 불법
적 처지 때문이다. 강재성(2016)은 사실상 "고물상은 모든

---

**15**  소준철·서종건, 2015: 19쪽 참조.

**16**  물론 비제도 영역이 노인들에 의해서만 이루어지는 건 아니다. '나
카마'라 부르는 자들이 있다는 점을 염두에 두어야 하는데, 이들은 재활용 자
원을 수거하여 고물상에 팔거나 노인들로부터 재활용 자원을 매입하여 고물
상에 되팔기도 한다. 고물상은 제도권의 민간선별장에 재활용 자원을 팔기
도 하지만, 선별장의 역할을 하는 (역시 비제도적인) 중간업체에 파는 경우가
있다.

111

주거 및 상업 지역에는 입지할 수 없으며, 농림, 공업, 녹지 지역에는 입지할 수 있다. 주거 및 상업 지역에 입지한 고물상은 〈국토계획법〉상 불법 입지한 시설"이라고 했다.[17] 2003년 〈국토계획법〉을 제정한 이후에는 고물상 설립은 제도적으로 까다로운 과정을 거치는 상황에 처했다. 게다가 고물상은 영업상 신고 의무가 없기에 현황을 알 수가 없다.[18] 이 점 때문에 흔히 주장되듯 최저매입가격을 통해 노인들로부터 '재활용품을 구매'하는 일은 요원하다. 폐지를 비롯한 재활용품의 가격 산정 과정은 '시장 논리'라는 수사(修辭) 외에는 달리 설명할 길이 없으며, 더욱이 재활용품 수집 노인들의 노동 조건과 환경이 비제도적이기 때문인지 자세히 파악된 바가 없다. 그저 재활용품 수집은 불로소득이

---

17    2006년 〈미신고대상 재활용품 수집상 현황 및 관리〉는 매우 드문 고물상 관련 조사로서, 사업자등록증을 보유한 곳이 4,589개소, 사업자등록증을 보유하지 않은 곳이 2,423개소다. 그러나 이후 조사는 존재하지 않았고, 고물상 관련 단체들이 "7만 개"를 주장하는 것으로 보면, 이 수치 역시 불확실하다.

18    강재성, 2016: 43~53쪽 참조.

거나 간헐적인 취미 혹은 운동 거리가 아닌, 소득이 있는 비공식적인 노동이며, 이 일은 제도와 재활용 산업의 먹이사슬 끝에서 보호받지 못하는 위험한 직업이라는 점이 확인될 뿐이다.

# 재활용품 수집 노인의 소득

재활용품 수집 노인들이 폐지 판매 가격을 얼마씩 받아왔는지
를 정리해봤다. 최근의 기사들이 있긴 하지만, 일부러 2012년부
터 2015년까지 보도된 기사 몇 개를 엮어 재정리했다. 다시 말
하지만, 아래의 내용은 '지나간' 시간의 일이다, 그렇지만 지금
보다 나은 일종의 '벨 에포크(Belle Époque)' 혹은 '호시절'로 여
겨진다.

알다시피 현재 한국의 노동자들은 법적으로 최저임금 시
급으로 5,580원을 보장받는다. 그렇지만 몇몇 노인(老人)
들은 길거리에서 폐지를 주우며 300원에서 1,000원 정도
의 시급을 벌고 있다. 2012년의 10월, A(여성, 82세)[1]는 오
전 7시부터 서울의 인사동을 비롯한 종로 일대를 돌아다니
며 폐지를 주웠다. 오후 4시쯤에 "카트에 폐박스와 신문지
를 겹겹이 싣고" 고물상에 왔다. 계량하니 48kg의 폐지였

---

[1] 신상목, "'불황의 그늘' … 내몰리는 폐지 수거 노인들 '종일 주워
도 점심 한 끼 못 먹어' 절규", 〈국민일보〉, 2012년 10월 29일.

고, 모두 고물상에 팔아 3,400원(폐지 1kg당 약 71원)을 받았다. 정확히 얼마만큼의 시간 동안 폐지를 주웠는지는 모르지만, 오전 7시부터 오후 4시까지 돌아다녔다고 가정하고 시급으로 환산하면 380원이 안 된다. 2014년의 12월, 수원에 사는 B(여성, 67세)[2]는 손수레 한 대가 가득 찰 정도(약 60kg에 해당)로 폐지를 수집하는데 4,000원 정도의 돈을 번다. 2015년인 요즘도 다르지 않다. C(여성, 77세)[3]가 고물상에 가져온 폐지와 옷가지를 계량하니 "신문이 30kg(2,400원)", "옷이 6kg(3,000원)", "박스 59kg(3,540원)" 정도다. 무려 95kg에 달하는 양을 수집하고 고물상으로 운반했지만 "8,940원"을 버는 정도다. C는 하루에 한 번 고물상에 오지는 못한다. B나 C는 언론에서 주목한 사례로 노동 시간이 어느 정도인지 파악되지 않는다. 무리겠지만 B나 C가 하루에 8시간 동안 노동한다고 가정하고 시급을 계산한다면, B는

**2** 박민수, "반 토막 난 '폐지 값'에 노인들 생계 막막", 〈경기일보〉, 2014년 12월 23일.

**3** 김정아, "산더미처럼 폐지 쌓아 팔아도 '라면 2봉지'", 〈YTN〉, 2015년 5월 11일.

500원이며 C는 1,118원이다.

앞에서 환산한 시급은 비현실적으로 여겨진다. 임의로 가정해 계산했다는 점에서 당연히 비현실적인 값어치지만, 2015년 당시 한국 노동자들이 법적으로 보장받던 최저임금 시급인 5,580원과 비교한다면 이 비루한 현실이 더 비현실적으로 생각된다.

17시 30분

전화가 울렸다. 영자씨는 카트를 세우고, 멈췄다. 막내 딸 정숙이 번호였다. 전화를 받으니 정숙이 딸인 소윤이었다. "아따, 내 새끼, 밥은 먹었당가?" "할머니, 이따가 밥 먹어요. 할머니 뭐하세요? 할아버지가 할머니하고 통화하고 싶다고 해서 전화했어요." "내 새끼 목소리 들응께 좋아부러. 할매는 일하고 있지라. 할배는 목소리 듣기 싫다고 혀라. 나 안 받을란다. 시방 공부는 잘되냐? 핵교 끝나고 왔어?" "에이, 그럼요. 할머니, 잠시만요. 할아버지 바꿔드릴게요." 영자씨는 차마 끊지 못하고 기다렸다. "준호 엄마, 오늘 가심팍이 아파서 병원에 갔구먼. 아시예 병원실에 입원을 하라는디, 이걸 우쪄." "정숙이 같이 갔슈? 거 정숙이 좀 바꿔보시오." 영자씨는 정숙이와 통화를 했다. 정웅씨가 가슴에 통증이 있어 병원에 갔는데 의사 말로는 검사를 위해 하루만 입원을 해야 한다는 말이었다. 그리고 검사비가 꽤 들어가겠다는 내용이었다. 전화를 끊었다. 영자씨는 자신만큼이나 남편이 불쌍했다. 그녀와 그의 삶은 늘 복잡다단했고, 끝없이 노력하는 삶이었다. 내 뜻대로 살지 못하는 게 분했다.

영자씨는 국민학교를 겨우 졸업했지만, 고향 사람들이 하는 가게서 서무를 하며 십 대 후반과 이십 대 초반을 보냈다. 둘은 친척들의 중매로 만나 1965년 결혼을 했고, 그즈음 정웅씨는 동사무소 직원이 됐다. 정웅씨가 일하던 동회가 이 근처였기에 둘은 북아현동 셋방에서 신혼집을 차렸다. 1967년, 정웅씨가 갑자기 선언을 했다. 정부서 말하는 남방개발이 큰돈을 벌게 해줄 거라며, 종합상사서 인니에 갈 기술자를 뽑는 데 지원을 했다고 말이다. 영자씨는 처와 자식들을 두고 어딜 가냐고 마구 따졌다. 정웅씨는 이미 결심했다고, 자신이 돈을 벌어야 처자식이 잘사는 거라 밀어붙였다. 떠나간 남편은 삼 년 동안 편지 몇 통만을 보내왔을 뿐이었다. 그즈음 영자씨는 동네 복덕방에서 사무일을 시작했다. 복덕방 한구석에 아이들을 눕혀놓고, 손님을 맞았다. 영자씨가 애를 쓰며 버텼고, 1970년에 정웅씨가 귀국했다. 정웅씨는 돈을 잔뜩 벌어 왔다며 이제 우리 가족은 부자라고 큰소리를 쳤다. 영자씨에게 복덕방 주인이 같이 동업을 하자 했지만, 그녀는 이제 가세가 폈으니 이제 아이들에게 집중하겠다 전하고 그만뒀다. 영자씨와 정웅씨는 아들 셋과 딸 하나를 더 낳았다. 그러나 남편은 돌아오자마자 이 사업 저 사업을 했지만 망하기 일쑤였다.

1970년대, 아이들이 국민학교에 갈 시기가 되자, 영자씨가 다시 나섰다. 그녀는 돈을 벌겠다며 한창 동네 아줌마들을 따라 부천의 신앙촌에 가 구리무(크림)를 떼다가 서울역 근처 업소의 아가씨들에게 팔고, 동네 사람들에게도 팔았다. 첫째 아들내미가 학교에 가자 '더러운 일'은 못하겠다며, 당시 유행하던 태평양의 화장품 방문판매를 시작했다. 그녀는 아들내미를 위해 치맛바람을 불러일으키고, 장사도 잘해보겠다는 심산으로 동네 부녀회 활동도 시작했다.

1980년대 초가 되자 정웅씨가 가까운 시장에 가게를 하나 냈다. 가게 덕분에 가계가 좀 나아졌다. 얼마 지나지 않아 그는 당시 돈벌이가 쏠쏠하다며 운전면허를 따더니 택시를 몰았다. 그녀는 남편이 하던 가게를 옷가게로 바꿔 영업을 시작했고, 동네서 부녀회장도 맡았다. 88올림픽을 전후로 경제가 호황을 맞았고, 남편의 택시 영업 수입과 자신의 옷가게에서 수입이 늘자 좋은 자리에 단독주택도 한 채 구입했다. 1990년대가 되자 아들들이 연이어 대학에 입학했고, 막내딸도 대학에 들어갔다. 윤영자의 오십 대는 화려했다.

그러나 IMF 위기부터 윤씨의 가계에 문제가 시작됐다. 큰딸과 작은딸 모두 시집을 잘 갔다고 생각했지만, 첫 사위가 은행에서 잘렸다. 큰딸과 첫 사위가 찾아와 사

업자금을 대달라고 했고, 동생들 뒷바라지만 하다 시집
보낸 딸에게 미안한 마음이 들어 그간 모아놓은 돈 일
부를 줬다. 그래도 윤씨나 남편이 한창 돈을 벌 때니 그
럭저럭 버틸 만했다. 다음은 막내딸이었다. 이혼한 사
람이 가장 많다는 2003년, 막내딸도 그중 하나였다. 막
내는 애기를 키우려면 돈을 벌어야겠다며, 동네에 작은
영어학원을 내겠다고 했다. 다음은 늘 위태위태했던 첫
째 아들이었다. 재주는 좋지만, 늘 불안했다. 아들은 다
니던 회사를 그만뒀고, 윤씨에게 찾아와 경기가 좋아지
는 상황이라 사업을 해야겠다고, 유산 대신 사업자금을
대달라고 했다. 그녀는 아들에게 줄 사업자금을 마련하
기 위해 집을 팔았다. 소문에는 집이 있는 동네가 재개
발될 것이고, 재개발만 되면 멋들어진 아파트가 지어지
고, 돈을 많이 벌 수 있다고도 했다. 그렇지만 나중의
돈보다 아들이 성공하는 마음이 앞섰다. 그렇게 근처
의 집에서 전세살이를 시작했다. 다시 원점이었다. 그
러고 나서 남편이 아프기 시작했다. 아들의 사업은 또

다시 찾아온 2008년의 경제위기에 망했다. 서울역에 대형마트가 생겼고, 시장 근처의 아현동이 재개발에 휩싸여 시장에 나다니는 손님이 확 줄었다. 그녀도 오랫동안 해오던 옷가게를 접었다. 그녀의 오십 대는 화려했지만, 육십 대는 운수가 드럽게 나쁜 시절이었다.

세상이 달라졌고, 나이가 들었다. 장사를 다시 할 엄두도 안 났다. 내 집이었던 자리, 그리고 지금 전셋집 근처에 재개발을 시작한다며 이주비를 조금 받아 다시 북아현동으로 넘어왔다. 내 집 자리에는 큰 아파트가 생겼고, 이전에 동네 아줌마들과 쏘다니던 골목도 사라졌다. 내 곡절을 생각하면 화가 치밀어 올랐다. 그래도 아픈 남편과 일이 잘 안 풀리는 자식들을 생각하니, 어떻게든 살아야 했다. 그나마 육십오 세 노인들에게 기초노령연금이 나온다고 광고가 나왔다. 이걸 받아보겠다고 동회에 가 신청서를 냈고, 이것저것 서류를 뗐다. 그러나 동회 직원은 그녀와 남편이 과거에 자녀에게 증여한 재산이 있어서 돈이 안 나온다고 돌려보냈다. 한스러운 상황은 끊이지 않았다. 남편이 대장암 판정을 받아 병원서 수술을 했다. 그녀가 남편의 병간호를 힘들어 하자, 막내딸 정숙이 남편을 자신의 집으로 데려갔다.

영자씨는 혼자 젊은 시절부터 살아온 동네에 남았다. 어쨌거나 칠여 년 동안 지금의 삶을 지속했다. 이제는 마음이 많이 가라앉았고, 삶이 단순해졌다. 살아야 했기에, 동네서 소일거리를 찾아 일했다. 그런데 장사만 해왔던 팔자라, 남 눈치를 보며 뭣을 만들어야 하는 일이 답답했다. 그렇게 폐지 줍는 일을 시작했다. 혼자 일할 수 있었고, 실내에 처박혀 일하는 것보다는 나았다. 걷는 건 건강에 좋을 것 같았고, 바깥서 주변을 바라보니 기분도 나아졌다. 영자씨는 모순된 마음이었다. 자신의 삶이 원망스럽지만, 그래도 자신이 뭔가 할 수 있다는 게 좋았다. 부모를 지켜줄 줄 알았지만 저 살기 바쁜 자식들에게 가여운 소리를 하지 않아도 됐고, 조금이라도 자신이 쓸 벌이가 생겼고, 아주 조금이나마 저축을 할 수 있었다. 자식들에게 주지 않아도 되는 돈, 손주들에게 줄 수 있는 용돈, 아픈 남편을 위한 비상금을 마련했다.

가족으로부터 마음을 멀리 뒀고, 수중에 조금이나마 돈이 생겼다고 해서 모든 게 괜찮아진 건 아니다. 변해버린 동네를 보면, 무언가 빼앗긴 듯한 허탈감이 불쑥불쑥 튀어나온다. 이 동네는 2000년대 초부터 재개발 계획이 논해졌다. 맞은편 1구역이라 불리는 곳은 불과 오 년 전인 2015년 모두 밀렸고, 지금은 동네 어디서나 보이는 거대한 아파트 단지로 변했다. 그러나 영자씨는 저 아파트 단지를 보면 속이 쓰리다. 젊은 시절을 보내며 아이들을 키웠던 동네였고, 처음으로 샀던 집이 있던 곳이었다. 새 아파트를 볼 때면, 추억이 사라져버렸다는 아쉬움과 그 시절 샀던 집을 팔지 않았다면 자신도 저기에서 살 수 있었으리라는 후회로 속이 쓰렸다. 어쨌거나 영자씨는 이 지난한 과거를 어쩔 수는 없고, 현재를 살아야 했다.

## 여성노인이 거치는 가난의 경로—개인의 문제인가?

가난한 여성노인에 대한 상징은 여기저기서 찾을 수 있다. 대개는 재활용품을 줍는 모습으로 사람들에게 인식된다.[1] 〈빨래〉라는 뮤지컬에서 빈곤층 여성노인은 폐지가 실린 작은 손수레를 끄는 모습으로 재현되는데, 꽤나 상징적이다. 국민연금관리공단의 광고공모전에서 최우수 수상작을 받은 한 포스터는 더 노골적이다. "65세 때, 어느 손잡이를 잡으시렵니까?"라는 문구가 적혀 있고, 아래에는 여행용 캐리어가, 위에는 신문이 쌓인 카트가 그려져 있었다. 국민연금에 가입하면 "노년에 폐지를 팔아 생계를 잇지 않고, '품위 있게' 여행을 다닐 수 있다는 의미가 담긴" 셈이다. 관련 비판

---

[1]   남성노인 하면 '경비원'을 떠올리는 경우가 많다.

에 대한 국민연금관리공단의 해명은 더 끔찍했다. "국민연금을 통해 노인빈곤을 방지하자는 취지를 전달하려 했다."[2] 모두가 각자의 방식으로 한국사회를 살아가고 있다는 자명한 사실을 짓밟은 건 아닐까?[3]

지금의 젊은 사람들은 가난한 노인들에 대해 '열심히 살지 않은 젊은 날의 결과'라거나 '부양해줄 자녀와의 어떤 문제'가 있어 저렇게 사는 사람이라고 단언하고 만다. "역시 가난한 노인들은 가난한 이유가 있어."라며 혀를 차기도 한다.

---

2    유성애, "국민연금공단 공모작, 노인빈곤층 비하 논란", 〈오마이뉴스〉, 2014년 2월 13일.

3    웹 검색을 하다가 한 지자체 복지여성보건국 노인장애인복지과 관계자의 '기초연금 알아보기'란 발표 자료를 발견했다. 박근혜 정부에서부터 시작된 기초연금을 설명하는 내용으로 추정되는데, "여론의 비난을 받았던 국민연금공단 포스터"라는 소제목 아래에 해당 광고를 왼쪽에 놓고, 오른쪽에 "그러나, 엄연한 현실…"이라는 문구와 함께 리어카를 끄는 한 노인의 사진을 삽입해뒀다. 나름대로 국민연금과 기초연금과 같은 공적연금이 필요하다는 주장의 뉘앙스로 여겨지긴 하지만, 이 역시 "'리어카' 끄는 가난한 노인"이란 나름의 상징에 동의하는 것으로 여겨진다. 국민연금공단의 포스터나 이 발표 자료의 의도가 어쨌든 이는 65세 이하의 다른 세대에게 '너도 가난하면 폐지 줍는다' 따위의 겁박을 하는 데 불과하며, 현실 개선에 기여하는 바는 없다.

그렇지만 노인들의 삶이 순전히 개인의 잘못 때문에 생겨나는 걸까? 가난하고 싶어 가난해진 사람은 없다.

영자씨의 이야기는 우리에게 다른 질문을 던지게 한다. 개인의 선택이 우연한 연유로 잘못되었다고 한들, 왜 국가와 사회는 그녀를 구하지 않았을까? 영자씨가 모든 노인을 대표한다고 말할 수는 없기에 영자씨가[4] 유별난 삶을 살았다고 말할 수도 있고, 한편으로 운이 없고 측은하다 말할 수도 있을 것이다. 그렇지만 그녀와 그녀의 동년배들이 살아낸 이 숨 막히는 서울에는 현대사의 풍파가 고스란히 녹아 있다. 거대한 격동의 시간만 다루는 한 국가의 정치사와 경제사도 물론 그렇지만, 국가 및 사회와 간접적 영향을 주고받은 한 사람의 생애 역시 지금의 역사다. 그녀의 삶 속에서 국가와 사회는 끊임없이 유동하며 대응해야 할 사건들을 만들어내는 대상이었을 것이다. 개인의 기대나 바람과 달리

---

4    이때 그녀는 앞에서 밝혔듯 가상 인물인 윤영자이며, 동시에 복수의 여성들이다.

사회는 끊임없이 변하며, 우리에게 적응하길 요구한다. 개인은 감당 가능한 생존의 전술과 전략을 스스로 만들어내야 한다. 영자씨의 학력, 결혼, 남편 정웅씨의 남방개발 파견, 자녀의 대학 진학, IMF 경제위기, 2000년대 직후부터 지금까지 동네의 변화와 재개발 같은 것들은 영자씨의 주도적인 선택이라기보다 그녀가 휘말렸던 국가와 사회의 유동적인 변화 과정이었다. 그녀의 가난은 이 변화 속에서 그녀가 선택한 결과이며, 국가로부터 보호받지 못했던 결과이기도 하다. 다르게 보면 우리가 '가난한 삶으로 이끈 책임'이라며 낙인찍었던 그녀의 결정과 행동은 각 시대의 처지에 대한 영자씨 나름의 생존법칙이었던 것이다.

## 자립(自立)하고, 자구(自救)하라는 요구

2011년, 유력한 정치인이었던 박근혜는 자신의 어머니인 육영수의 추도식에서 이렇게 말한다. "(어머니는) 힘들고 어려운 분들을 도와주실 때 (그들의) 자립과 자활을 중요하게 생각"했다. 한국사회는 오랫동안 힘들고 어려운 사람들에게

'자립'하기를 요구해왔다. 박근혜의 추도문에는 다음과 같은 내용이 있다. 가난한 주민들이 육영수에게 찾아와 양돈 사업을 하겠으니 돼지를 사달라고 요청했고, 육영수는 "사료값이 비싸 돼지를 키우는 게 어려우니 아이들이 뜯는 풀로도 키울 수 있고 번식력도 강한 토끼를 키우라."고 답했다 한다. 그리고 토끼 키우기를 계기로 이 마을은 번성했다는 내용이다.

육영수는 그들에게 왜 토끼를 키우라고 했을까? 정말 농가가 돼지를 치는 게 부담이 됐기에 토끼를 키우라고 한 것일까? 우선 이 이야기의 진위부터 따져보자.[5] 1971년 7월, 육영수는 현재의 완주군에 위치한 우석대학교의 학생들을 청와대로 불렀다. 불려간 학생들은 인근의 농촌 지역에서 봉사활동을 했던 의료진료반과 농촌봉사단 학생들이었다. 이 학생들이 농촌 지역의 상황을 보고했고, 육영수는 이 자리에

---

5    박근혜의 비서관이 해당 추도문을 작성할 때 〈조선일보〉 1971년 7월 21일 기사에 나온 내용을 재구성했으리라는 가정에서 따져보겠다.

서 다음처럼 말했다. "할 수 있는 데까지 해결해주겠다. …농가에서 일어나는 일만 돕고 올 것이 아니라 그 지역에 알맞은 부업을 발견해서 권장하고 계몽하여 농촌생활에 도움이 되도록 해달라… 시골에 가면 아직도 어린이들이 1년에 두세 번밖에 고기를 먹지 못하는 형편인데 농가마다 사료가 드는 닭이나 돼지보다는 풀을 뜯어 먹일 수 있는 토끼를 길러 가죽도 쓰고 고기는 애들에게 먹이면 건강도 나아질 것… 만약 어린이들이 자기가 기른 토끼 고기를 싫어하면 이웃끼리 서로 바꾸어 먹으면 될 것이 아니냐." (그녀는 이렇게 학생들을 웃겼다고 한다.)

앞서 박근혜가 한 추도사의 내용과 이 〈조선일보〉에 실린 내용에는 약간 차이가 있다. 그렇지만 그 내용은 일맥상통한다. 가난한 처지의 주민 혹은 농민이 소득을 보전하기 위해 새로운 사업을 하고 싶어 정부의 지원을 요청한 상황이며, 이에 대해 대통령의 부인인 육영수는 유지비가 많이 드니 비용이 적게 드는 사업을 하라고 답한 상황이다.

정부는 예산이 부족해 돈이 덜 드는 사업을 제안하는

건가? 정부는 인민(people)의 소망을 직접적으로 들어줘야 할 책임이 있나? 불경한 상상이겠지만, 위 장면은 정부가 가난한 처지의 인민을 대하는 모습과 유사하다. 정부가 최소한의 지원을 통해 개인이 '자립'하여 곤궁한 처지에서 벗어날 것을 요구하고 있는 모습 말이다. 국가는 헌법에서 개인이 가지는 인권을 보장할 의무가 있음을 밝히고 있다. 그렇지만 지금까지 국가는 자신의 의무를 개인에게 전가한 면이 있으며, 개인은 스스로 살 방법을 강구하며(自救), 스스로 일어서야 했다(自立).

윤영자의 삶은 다름 아닌 스스로가 스스로를 구하기 위한 방법을 찾아 나서며 살아왔던 이 시대 노인들의 보통 모습이다. 문제는 그/녀들이 늙어버린 지금이다. 노인들은 이제 노화로 인해 청년과 중장년층에 비해 제한적으로밖에 활동할 수 없는 신체적인 한계를 가지고 있다. 가족 간의 문제, 개인적인 실책 등으로 돌이킬 수 없는 재정난에 처한 사람도 있다. 이들이 죽지 않고 살아가기 위해서, 아니 살아남기 위해서는 계속해서 치열하게 '끝없는 노오력'을 해야 한다.

## 여러 가지 가난의 경로

서울의 강동구에서 만난 한 여성의 이야기다. 그녀의 남편은 30대 중반에 돌연 사고로 세상을 떠났다. 그녀는 자신과 세 자녀들이 먹고살기 위해 닥치는 대로 일을 했다. 1970년대 후반, 그녀는 날품을 팔며 사는 몇 년간의 생활이 너무 힘들어, 민간의 직업상담소를 찾았다. 처음 직업상담소에서 권해주는 건 회사가 아니라 유흥과 관련된 업소뿐이었다. 그녀는 그것만은 안 된다며 제발 다른 일자리를 알려달라 사정사정을 했고, 상담소 직원은 커다란 식당 하나를 알려줬다. 그녀는 그 식당 주방에서 20년을 일했고, 식당서 번 돈으로 자녀를 교육시켰다. 자녀들이 결혼을 할 때쯤, 그녀는 천호동에 식당을 차렸다. 하지만 식당은 그리 오래가지 않았다. 때마침 식당 건물이 불어온 동네의 재개발에 휩쓸렸고, 식당은 보상금 얼마를 받고 문을 닫았다. 그렇게 나이가 칠십이 넘은 그녀는 이제는 먹고살 걱정에 골목에서 재활용품을 줍고 있다.

서대문구에서 만난 여성의 사연도 비슷하다. 그녀는 동

네서 잘나가는 슈퍼마켓 주인이었다. 과거 동네 사람들은 신선식품이나 각종 용품과 의류는 조금 떨어진 아현시장에서, 과자나 조미료와 긴급히 사야 할 신선식품은 그녀의 슈퍼마켓에서 샀다. 그렇지만 서울역에 대형마트가, 동네에는 중소형 규모의 슈퍼와 편의점이 연이어 들어섰다. 사람들은 더 이상 슈퍼에 오지 않았다. 그녀는 자주 이렇게 말한다. "그때 때려쳤어야 하는데. 멍청이같이 문을 못 닫아서 이렇게 살아." 그녀의 슈퍼는 시장에 비해 깨끗하고 새로운 상품이 들어오는 장소였지만, 이제는 편의점과 대형마트에 비해 더럽고 오래된 상품이 방치된 장소가 되어버렸다. 변해버린 세상에서, 그녀는 대처를 하지 못했다. 모아놨던 돈으로 노인이라는 시기에 들어섰지만, 이런저런 이유로 돈이 줄어들었다. 그렇게 그녀도 골목에서 재활용품을 수집하기 시작했다.

구로구에서 만났던 여성은 경상도의 시골에서 나고 자랐다. 그녀의 품에서 다 자란 딸이 돈을 벌겠다며 서울로 갔고, 그곳에서 결혼을 했다. 그때까지만 해도 동네 사람들과 즐겁게 살았다. 어느 날 이 여성은 갑자기 쓰러졌고, 병원에서는 뇌졸중이라 말했다. 후유증은 남았지만, 생활에는 지장이 없었다. 그러던 어느 날 딸로부터 전화가 왔다. 새로 일을 시작해야 하는데 아이를 봐줄 사람이 없다며, 엄마가 서울로 와줄 수는 없냐 말했다. 딸은 서울에 크고 좋은 병원도 많으니, 이곳이 건강 관리를 하기에도 좋을 거라 덧붙였다. 그녀는 자신의 건강보다도 딸의 고생을 덜어주고 싶어 서울로 왔다. 그렇게 딸을 따라 서울 이곳저곳을 이사하며 살아왔다. 그렇게 몇 년이 지났고, 딸이 회사에서 강제 퇴직을 당해 집에 눌러앉게 됐다. 얼결에 사위 혼자 딸과 손자와 그녀까지 책임져야 했다. 사위의 눈치가 보이자 그녀는 따로 나와 딸 집 가까운 곳으로 이사를 했다. 고향으로 돌아갈까 몇 번을 생각했지만, 딸과 손자 가까이 있기로 결심했다. 젊은 시절에 모아둔 돈과 서울로 올라오며 농지를 판 돈이 떨어지자, 그녀는 골목에서 재활용품을 줍기 시작했다. 그것도 딸을 마주칠지 몰라, 늘 집에서 멀리 떨어진 옆 동네에서 줍고 있다.

거리에서, 골목에서 만난 노인들은 이외에도 말 못할

사연들을 숨기며 일을 하고 있었다. 어떤 이는 기초생활수급자로, 또 다른 이는 공적 연금을 받으면서, 또 누군가는 아무 지원을 받지 못하면서. 그렇지만 급격한 변화에서 낙후된 존재가 되어버린 그녀들이 그대로 '일'을 접으면 도대체 어떻게 살아가야 하는 걸까? 한국사회에서 '낡고' '오래된' 산업과 그 종사자들에 대한 태도는 늘 냉혹하다. 노인들은 사회적 쓸모가 없는 존재이기만 한 걸까?

18시 30분

영자씨의 늦은 오후 일은 마음이 복잡해선지 짧게 끝났다. 그녀는 다시 집으로 돌아왔다. 그녀가 사는 곳은 북아현동의 언덕 중턱 즈음에 위치한 붉은 벽돌로 지어진 삼 층짜리 다세대 주택 반지하층이었다. 그녀는 파란 카트를 건물 입구로 끌고 가서 바깥에서 잘 보이지 않는 어둑한 곳에 두고는 집으로 들어갔다. 일 분도 되지 않아 다시 나온 그녀의 손에는 체인과 자물쇠, 열쇠가 들려 있었다. 곧이어 카트를 다시 꺼내, 집에서 약간 떨어진 야트막한 담으로 향했다. 담 아래에는 커다란 벽돌 몇 개가 올려진 파란 천막용 비닐이 있었다. 그녀는 돌을 내려놓고, 천막을 걷었다. 거기에는 상자가 켜켜이 쌓여 있었다. 오늘 수집한 상자를 그 위에 올리자 이

제야 그녀 허리춤 정도까지 올라오는 높이가 됐다. 그녀는 다시 비닐을 덮었고, 벽돌을 올려뒀다.

카트에는 폐지가 아닌 물렁이들과 PVC파이프, 스테인리스 프라이팬 하나가 남았다. 그녀는 카트를 다시 끌고 건물로 돌아갔다. 집으로 들어가는 건 아니었다. 건물 안 계단 아래로 향했고, 그곳에 남은 것들을 꺼내놓았다. 계단 아래의 빈 공간에는 그녀가 모아둔 페트병과 플라스틱 우유병이 끈에 묶여 있었고, 움직이지 않는 커다란 시계 하나와, 포대가 몇 개 있었다. 플라스틱 병이 묶인 끈을 풀어 오늘 수집한 물렁이를 꿰었고, 파이프와 프라이팬은 각각 다른 포대 안에 넣었다. 아직 일이 끝난 건 아니었다. 파란색 카트를 끌고 다시 집 바깥의 전봇대로 향했다. 전봇대에 철제로 된 체인을 둘렀고, 카트의 아랫부분을 꿰었다. 그리고 자물쇠를 채우고, 열쇠로 잠갔다.

다시 집으로 들어가 시계를 보니, 삼십 분이 지나 있었다. 집 안에는 책과 카탈로그가 쌓여 있었다. 그녀가 읽을거리는 아니었다. 지난 주, 어떤 집에서 책을 버리는 걸 발견했다. 그 사람에게 사정을 하고 들고 온 것들이었다. 책은 상자보다 돈을 더 받는다. 이유는 모르지만, 고물상에서는 상자보다 책값을 더 쳐준다. 게다가 보기에 새 책이면 헌책방에 가져다 팔아야 한다. 헌책방은 고물상보다 몇 배를 더 쳐준다. 그날은 빽지 더미를 주운 옆집 할매가 부럽지 않았던, 운 좋은 날이었다.

영자씨는 우선 화장실에 쪼그리고 앉아 손을 씻었다. 그녀의 손은 지저분했고, 냄새가 났다. 비누를 들어 한 손 한 손을 박박 문질렀다. 그러고서야 옷을 벗어 빨았다. 마저 목욕을 마쳤고, 새 옷을 입고 방에 앉았다. 전화기를 들어 막내딸 정숙이에게 전화를 걸었다. "정숙이냐, 밥은 먹었냐? 애기들은 뭣하냐? 아부지는?" 막내딸은 답했다. "엄매는 밥 드셨어요? 다 밥 자시고 놀아요. 아부지도 진지 잘 잡쉈고. 오늘도 고물 잘 댕겨 왔소?" 영자씨는 말했다. "옴마, 오늘은 얼마 못해부렀다. 싸묵싸묵 혀야제. 인자 밥 채려 묵어야제." 정숙이

는 영자씨에게 밥을 잘 챙겨 먹으라 당부를 했고, 영자
씨는 손자들 목소리를 들려달라 했다. 전화를 끊고 영
자씨는 밥을 차렸다. 며칠 전 복지관에서 받은 반찬 도
시락을 냉장고에서 꺼냈고, 누룽지에 물을 부었다.

## 가난한 여성노인의 가사노동

재활용품을 수집하는 일과 집안일은 공존할 수 있을까? 남성들에 비해 여성들은 재활용품 수집과 함께 가사노동에 대한 부담을 갖고 있다. 보통의 사람들이 저녁밥을 짓는 시간, 집으로 돌아가는 노인들을 볼 수 있다. 특히 가족이 있는 여성들은 저녁밥을 짓기 위해 집으로 향한다. 어떤 여성은 일을 하다 말고 매일의 식사 시간 전에 집에 들른다. 여성들은 재활용품을 수집하는 일과 함께 숨은 '가사노동'을 해야 한다. 그녀들은 왜 밥을 차리러 가냐는 질문에 "남편이 내가 갓 지은 밥만 좋아해서."라 답하며, 지인들에게는 "왜 내가 돈 벌고 밥까지 지어다 바쳐야 하는지."란 분한 감정을 더해 말한다. 그녀들이 재활용품 수집 일을 편하다고 생각하는 지점은 여기에 있다. 지금까지 해왔던 '가사일'을 지속하며, 돈벌이를 할 수 있는 몇 안 되는 일이기 때문이다. 더구나 남성들이 더 이상 경제력이 없는 상황에서, 그 짐을 여성이 떠안는 경우라면 더더욱 그렇다. 겉으로 볼 때, 이 일은 노인들의 여건에 딱 맞는 일이라고 여겨지기도 한다. 그렇지만 그녀가 그 어떤 보호도 없는 상황에서 이중의 부담을 짊어진 처지라는 점을 잊어서는 안 된다.

### 노인들을 위한 일자리는

한국사회서 '노인(들을 위한) 일자리'란 말은 모순된 표현이다. 적어도 산업과 고용의 측면에서는 그렇다. 한국사회의 고용 정책은 65세 전후의 나이인 은퇴 시기를 지나온 사람들은 더 이상 노동하지 않게끔 계획됐다.[1] 그리고 사회복지

---

[1]  미국은 1986년에, 영국은 2011년에 은퇴 연령(정년퇴직 연령)을 폐지했다. 그 이유는 은퇴 연령이 가진 '차별'을 불러오는 효과를 방지하기 위해서다. 독일의 경우는 2029년까지 은퇴 연령을 현재 65세에서 67세로 연장할 계획이다. 일본은 정책적으로 정년 연령을 60~65세로 정하고 있는데, 특이하게 65세 이하의 정년을 채택한 사업주에 한해 정년을 폐지할 수도 있게 하고 있다. 이런 분위기는 60대의 사회적, 신체적 활동 능력이 과거에 비해 건강한

정책은 은퇴를 한 노인이 더는 임금을 버는 활동을 하지 않아도 되게끔, 사회보장 제도가 그들의 삶을 보호하게끔 되어 있다.[2] 그렇지만, 현실은 그렇지 않다. 노인들의 취업률은 여느 나라보다 높고, 정부 역시 사회복지 정책의 일종인 '노인일자리'를 내놓고 있는 실정이다. 즉, 산업은 노인을 은퇴자로 이해하지만, 복지 정책은 노인을 복지사업의 참여자로 이해하는 상호 모순적인 상황이다.

물론 정부는 소득이 낮은 노인들이 소득을 가질 수 있는 정책을 펼쳐야 한다. 그렇기에 노인일자리사업은 노인의 소득을 보전하는 정책으로 기능한다. 더구나 2020년, 정부는 1조2천억 원을 투입해 73만 개의 일자리를 마련하겠

---

고령자가 등장하는 상황에서 차별을 줄이고, 실질적인 경제인구를 확보하며, 지출 비용(예를 들어, 공적연금)을 낮추기 위한 선택이라는 의견이 있다.

2    노인일자리사업은 〈노인복지법〉과 〈저출산고령사회기본법〉을 근거로 하고 있다. 특히 〈저출산고령사회기본법〉 11조에서 "국가 및 지방자치단체는 연금제도 등 노후소득보장체계를 구축하고 노인에게 적합한 일자리를 창출하는 등 국민이 경제적으로 안정된 노후생활을 할 수 있도록 필요한 조치를 강구하여야 한다."고 규정하고 있다.

다고 했다.[3] 문제는 노인의 '고용'을 늘릴 게 아니라 줄이면서 보호하는 방법을 찾는 데 있다. 비경제활동인구로 여겨지는 65세 이상 노인들을 다시 정부의 재정으로 노동시장으로 끌어들이는 방법은 노인들의 삶을 '매년 초'에 열리는 일용직 채용시장에 밀어 넣는 일로, 그들의 삶을 개선하지 못하는 근시안적인 정책이다. 더구나 우리는 노인들이 일하지 않더라도, 사회서 보호받을 수 있게끔 해야 한다. 그렇지만 노인일자리사업은 한국사회가 지금의 노인들에게 은퇴 후에 더 낮은 질의 노동을 하여 생존하라는 생애경로(life course)를 제시하고 있는 예로 여겨진다.

현재 노인층의 기초연금 액수를 최저생계비 수준으로 증액하기 어렵고, 추가적인 생계급여를 지급하기 힘든 상

---

**3**　2020년 1월, 전국에서 취업자의 수가 갑자기 56만8천 명(2.2%) 늘어났다. 게다가 15세 이상의 생산가능인구(4466만5천 명) 중에서 취업자(2680만 명)가 나타내는 고용률이 60%로 나타났는데, 이 수치는 1년 전에 비해 0.8% 오른 수치였다. 그렇지만, 전체 취업자 가운데 50만7천 명이 60세 이상이었고, 이들 중 17만7천 명(31.1%)이 노인일자리 참여자였다. 노인일자리 참여자는 임시·일용직으로 고용통계에 반영되고 있다. (〈2020년 2월 고용동향〉)

황에서 '일하는 노인'을 만드는 정책은 어쩔 수 없는 측면이 있을 것이다. 그렇지만 여기에서 역시 참여를 위한 '경쟁'과 '일의 질'이라는 부담이 존재한다. 예컨대 노인일자리사업과 같이 적은 시간 동안 노동을 하는 경우도 좋지만, 이 일을 하기 위해서는 선발 과정에서의 치열한 경쟁을 통과해야 한다. 더구나 노인의 취업시장은 아주 제한적이며, 공급도 많지 않다.

그렇기에 우리가 노인들의 새로운 일자리를 구상할 때는 그 이중의 부담을 덜어낼 방법을 찾아야 한다. 그래서 유연한 노동 방식과 다양한 의사결정 형태를 가진 '협동조합' 혹은 '사회적기업'에서 노인의 일자리를 제공하는 경우도 있다. 그렇지만 이러한 조직에서 노인에게 유연한 '노동 시간'을 제공하는 데 성공하고, 이를 기반으로 사업을 성장시킨 경우는 아주 적다. 한때 한 정치인의 대책은 '노인'들이 협동조합을 꾸려 재활용사업을 해나가게 하는 것이었다.[4]

---

4    은수미 의원실, 2012.

얼핏 보면 꽤 성공할 수 있는 대책이지만 단순히 조직을 구성하는 일에 대한 세세한 규칙을 만드는 일과 달리 노인들을 대하는 방법, 그리고 그 노인들과 현실의 시간을 보낼 방법에 대해서는 별다른 대책이 없다. '우리 사업장에 함께하면 당신들은 나아질 수 있어요'라는 제안을 하는 데만 그치지 않고 노인들의 필요와 여건에 맞는 일자리를 실제로 만드는 데까지 나아가야 한다. 특히, 청장년층의 노동 조건을 노인들의 일자리에 대입해서는 안 된다. 노인에게는 가사노동을 줄일 수 있고, 필요에 따라 유연하게 시간을 사용할 수 있는 노동이 필요하다. 그렇다고 해서 모두가 새벽 시간 첫차를 타고 일을 하러 가는, 청소와 같은 '서비스업'만 고민해서도 안 된다. 가능하다면, 마을에서 일자리를 만들어내는 실험이 필요하다.

## 조금이라도 더 벌기 위한 노력

노인들이 주워 오는 재활용품은 고물상에서 '사는' 것들뿐이다. 그래서 골목에 널린 재활용품 가운데서도 돈이 되는

종이상자, 플라스틱이 많다. 2017년 〈전국폐기물통계조사〉
에 따르면 매일 한 사람이 가장 많이 배출하는 재활용 가능
자원은 종이류와 플라스틱류, 유리류의 순으로 많았다.[5] 실
제 거리에서도 위의 순으로 많이 발견된다. 노인들이 가장
많이 줍는 것 역시 종이상자와 플라스틱류였다.

종이상자는 골판지로 만들어져 골판지상자라고도 불
린다. 2018년을 기준으로 택배 물류에 쓰인 상자가 25억
4,270만 개다. 2013년에 15억 개가 쓰였다고 하니, 불과
5년 만에 상자 10억 개가 더 늘어났다. 여기에 생산된 후 택
배사에서 사용하지 않은 상자의 수를 포함한다면 그 수는
25억 개 이상이다. 이 골판지상자의 시장 규모만 하더라도
3조5천억 원에 이른다.[6] 게다가 그 종류도 보통의 골판지상

5    더 세세하게 따지면 종이상자류/A4용지(105.38g), HDPE·LDPE·
PP·PS·PVC·EPS(플라스틱류, 29.89g), 서적류(23.59g), PET(21.67g) 등의 순
이었다.

6    권한울, "골판지업계 초호황 올해도 계속된다", 〈매일경제〉, 2019년
4월 7일.

자에서 신선식품을 포장하는 발수코팅된 골판지상자까지 다양해졌다. 그만큼 쓰레기로 혹은 재활용품으로 배출되는 종이상자의 양과 종류도 많아졌다. '꿈의 물질'이라 불리는 플라스틱도 마찬가지다.[7] 2018년도에 2만 톤이 생산됐고, 이 중 재활용된 양은 6천 톤가량이다.[8]

문제는 분리배출을 하지 않는 경우다. 2017년의 〈전국 폐기물통계조사〉에 따르면, 국민 한 명이 사용한 재활용품 가운데 분리배출되어 나온 양이 69.12% 정도였으며, 다세대 주택 밀집 지역에서는 이보다도 낮은 60%에 불과했다.

---

[7]   2018년, 정부는 '재활용 폐기물 관리 종합대책'을 발표하며 2022년까지 일회용컵과 비닐봉투 사용량을 35% 줄이고, 2030년까지 플라스틱 폐기물의 발생량을 50% 줄이겠다는 계획을 내놓기도 했다. 이를 위해 모든 생수와 음료수용 유색 페트병을 무색으로 전환하며, 매장 안에서 일회용 플라스틱을 사용하지 못하게 하고, 대형마트와 165 $m^2$ 이상 슈퍼마켓에서 일회용 비닐봉투 사용을 금지하게끔 했다. 그러나 식당에서 취급하는 배달용 플라스틱 도시락, 온라인쇼핑몰에서 사용하는 비닐 등을 줄일 방안은 아직 존재하지 않는다. 앞으로 정부와 우리는 플라스틱의 양을 줄일 수 있는 더 다양한 제도와 인식을 마련해야 하는 상황이다.

[8]   자원순환정보시스템, https://www.recycling-info.or.kr

게다가 일반 가정이 아닌 사업장에서 나오는 재활용품의 분리배출 비율 역시 큰 차이는 없었다. 이렇게 가정과 사업장에서 '버린' 쓰레기는 노인들에게 돈이 된다.

그렇지만 노인들은 돈을 더 받기 위해 노력한다. 이 노력을 알기 위해서는 수집물을 제값에 팔기 위한 조건을 알아야 한다. 재활용품에 이물질이 덜 묻어 있어야 하며, 젖어 있어서는 안 된다.[9] 그렇지 않은 경우 고물상은 무게에 따른 돈을 주지 않고, 어느 정도 값을 깎는다. 고물상 역시 이물질이 묻거나 젖은 재활용품은 제값에 팔 수 없기 때문이다. 노인이나 고물상에게 가장 난감한 건 비닐 테이프가 덕지덕지 붙은 상자와 음식물이 묻은 플라스틱 용기다. 언젠가 한 노인은 도화지와 같은 하얀 종이를 줍고는 상자보다 비싼 값을 받겠다며 좋아했지만, 고물상에서는 유성 크레파스가 묻어 재활용이 안 된다며 돈을 내주지 않은 일도 있다. 그래

---

9 현재 재활용률을 높이기 위한 문제에서 가장 핵심적인 것은 재활용품을 덜 쓰고, 배출할 때 이물질을 제거해야 한다는 것이다.

서 노인들은 많이 줍는 것도 중요하지만, 가능한 한 이물질이 덜 묻은 걸 주우려 한다.

재활용품 수집 노인들이 집으로 돌아와 제일 먼저 하는 일은 운반해 온 폐지와 운반 수단을 보관하는 일이다. 이제 노인들은 도둑과 비·눈을 피해야 한다. 그래서 보관에 심혈을 기울인다. 한때는 상자에 물을 먹여 돈을 더 받았던 적도 있지만, 이건 십수 년도 전의 일이었다. 최근엔 이런 일을 했다가는 얼마 되지 않는 돈이 반 토막 나기도 한다. 노인들은 비나 눈이 내리면 잠을 못 이룬다. 비나 눈이 오는 날의 밤이면, 우산도 쓰지 않은 노인들이 길가에서 재활용품 더미를 정돈하는 모습을 볼 수 있다. 사람들의 눈초리도 신경 쓰지 않고, 제 옷을 적셔가면서도 상자에 물이 떨어지지 않게, 포장을 새로 하며 젖은 박스는 바깥에 빼 따로 보관한다. 비가 온 다음 날, 젖은 것들은 파는 대신에 새로 햇볕에 말려 다시 보관하기도 한다.

아무도 없는 늦은 밤의 골목에 놓인 재활용품 더미를 도둑질하는 사람은 의외로 많다. 새벽 내내 재활용품을 지키고 있을 수는 없기에, 노인들은 도둑질을 당하지 않을 방법을 고심한다. 재활용품뿐 아니라 운반 수단까지 도난당하는 경우가 왕왕 있기 때문이다. 운반 수단을 도둑맞으면 그로 인한 피해가 크다. 고물상에서 빌린 리어카의 경우는 고물상에 리어카값을 물어줘야 하고, 적게는 3만 원에서 많게는 10만 원까지 하는 리어카나 카트를 새로 사야 한다. 게다가 다음 날 일을 할 수 없으니 그로 인한 피해가 무척 두렵다.

## 수집한 재활용품의 보관

폐지를 보관하는 모습을 몇 차례 관찰하였는데, 주거하는 공간에 따라 보관하는 방식이 다르다. 노인들의 보관 장소는 크게 세 곳이다.[11] 첫째, 노인들은 자신의 집 바깥 벽이나 담 근처에 더미를 만들어 보관한다. 다세대/다가구 주택에서 흔히 발견할 수 있다. 이 경우 바스락 소리가 나는 비닐로 폐지를 모두 덮어놓는다. 비와 눈을 막고 다른 사람이 가져가지 못하도록 하기 위해서다. 이와 유사하게 발견되는 방식으로 재활용품을 실은 리어카나 카트를 그대로 골목에 놓아두는 경우도 있다. 다음 날 그대로 내다 팔기 위한 목적인 경우가 많다. 그렇지만 운반 수단째로 보관하는 경우는 도난으로 인한 손실이 크다. 그래서 운반 수단을 전봇대에 묶거나, 커다란 생수통이나 타이어와 같은 무거운 물건을 매달아 묶는 일도 있다.

둘째, 다세대 주택의 현관 입구나 집 안에 보관하기도 한다. 이때는 건물주와 주민들에게 명시적인 혹은 암묵적인 동의를 구한다. 이 경우는 대개 그 양이 많지 않다. 현관에 놓는 경우 이웃들의 통행을 방해하지 않아야 하고, 집 안에 넣는다 해도 추후에 폐지를 모두 빼내는 데 힘이 들기 때문이다.

셋째, 다세대 주택의 자투리 공간을 보관 장소로 활용한다. 특히, 계단 아래의 빈 공간이나 건물과 벽 사이의 빈 공간이 대표적이다. 북아현동의 한 여성은, 폐지는 건물 바

---

**10**  이외에도 드물게 집단적으로 수집하는 노인들의 경우 경로당과 같은 합의된 거점 공간에 모으기도 한다.

깥의 비어 있는 공터에 더미를 만들어 보관하고, 폐지보다 비싼 값을 받는 신문지나 헌책과 간장통 같은 플라스틱통, 스티로폼류는 계단 아래에 모아뒀다. 비싼 것은 보다 안전한 곳에, 가장 싸고 양이 많은 폐지는 바깥에 놓은 유형이다. 또 북아현동에서는 건물 벽과 담 사이의 남는 공간을 활용하는 경우도 보았다. 이 공간에 재활용품을 보관해둔 여성은 매주 월요일 오전에 '나카마'를 불러 그들에게 재활용 자원을 판다. 이때의 장면을 잊을 수가 없는데, 상자와 헌책은 물론이고, 에어컨에 연결하는 동 파이프, 오래된 텔레비전, 나무로 만들어진 액자, 화장실 욕조까지 나왔다. 그 양이 얼마나 많았던지, 너비 2m가 되는 골목이 그 집에서 나온 재활용품으로 가득 찼다.

20시 20분

영자씨는 설거지를 하고 방 밖으로 나섰다. 씻은 스티로폼 도시락통을 계단 아래 포대에다 넣었다. 그리고 바람이나 쐬려는 듯 집 바깥으로 나갔다. 집에서 조금 올라가면, 정자가 있었다. 그녀가 정자에 도착했고, 정자에 앉은 여성들과 인사를 나눴다. 그녀들은 수다를 떨기 시작했다.

저 멀리서 갑자기 철제 물건이 땅에 질질 끌리는 소리가 났다. 그녀들은 익숙하다는 듯 놀라지도 않았다. 소리가 점점 커졌다. 그녀들은 그 소리가 시끄럽다며 인상을 썼다. 곧이어 손에 끈을 꽉 쥔 한 여성이 나타났다. 이름 모를 그녀가 쥔 끈에는 프라이팬과 냄비 몇 개가 묶여 있었다. 프라이팬을 끄는 여성이 정자로 와 앉

앉다. 아무도 그녀에게 아는 체를 하지 않았다. 갑자기
수다가 끝났다. 아무도 말을 하지 않고, 서로 다른 곳을
쳐다봤다. 이름 모를 그녀는 자리에 앉아서도 주변을
두리번거렸다. 불안한 눈초리였다. 그러다 갑자기 일어
나 다시 프라이팬을 끌며 저 앞으로 빠른 걸음으로 걸
어갔다. 정자의 여성들은 그녀가 보이지 않게 되자 다
시 이야기를 시작했다.

새 수다의 시작은 이랬다. "저 도둑년, 왜 여기 와서 지
랄허고 자빠졌네." 다른 사람들도 수긍했다. 프라이팬
을 끄는 여성은 이 동네서 유명했다. 그녀는 낮이고 밤
이고, 프라이팬과 냄비를 끈에 묶어 여기저기를 쏘다녔
다. 누군가 가까이 가려 들면 욕지거리를 퍼부었다. 정
자에 앉은 여성들 몇이 그녀에게 당한 적이 있었다. 게
다가 동네 사람들 사이에서, 특히 재활용품을 줍는 사
람들 사이에서는 그녀가 모아둔 것을 몰래 빼 간다는
소문이 있었다. 냄비나 프라이팬만 보이면 무조건 훔쳐
간다는 것이다. 아무도 그러는 걸 본 적은 없었지만, 그

랬다는 소문만은 자자했다. 이 동네서는 수집한 냄비나 프라이팬을 꽁꽁 숨겨야 하는 게 불문율이었다.

수다의 주제가 바뀌었다. 그녀들은 서로의 건강을 묻고 확인했다. 서로가 어디에 사는지도 모르고 이름도 모르지만, 말이 잘 통했다. "함마씨는 시방 병원 자주 안 가소?" "나는 전번에 이 하나 뽑는데 의사가 돌팔이라 잘 못 뽑아버려가 시려 죽갔고만." 또 다른 노인이 말했다. "엉덩짝 뼛조각이 에려가 병원을 가야는데, 돈이 솔찬히 든다 안 하요. 가덜 못하고 있어라." 그러다 한 여성이 옆 건물 반지하의 남자 이야기를 꺼냈다. "거, ○○빌라 지하에 사는 할아버지 보셨수?" "혼자 사는 그 노인네, 거동도 못 한다카는데 이러다 갑자기 병원차 오는 거 아닌가 몰겠슈." 모두가 걱정을 더 했다. 누군가 동사무소에 말을 해야 하는 거 아닌가 했고, 한 사람이 내일 동사무소에 가서 사정을 말하기로 했다.

한참을 떠들던 중 그 무리 중 한 명이 목이 마르다 말했다. 그중 한 명이 잠시만 기다리라며 갑자기 일어나 집

으로 향했다. 보리 우린 물이 가득 찬 물병과 유리컵 몇

개를 들고 나와 모두에게 한 잔썩 따랐다. 누군가가 내

일은 소주나 한 잔썩 하자고 말을 했고, 몇몇이 내일 꼭

'쐬주' 한 병 들고 만나자 말하며 웃었다.

영자씨는 정자를 나와 집으로 돌아갔다. 집에 들어가

기 전, 담에 만들어둔 폐지 더미로 향했다. 그녀는 비닐

의 구겨진 부분을 평평하게 폈고, 벽돌을 한 번 들었다

놓았다. 전봇대 옆에 카트가 잘 있는지 확인까지 하고

집으로 돌아갔다. 영자씨와 함께 걸어 내려온 복순씨

도 마찬가지였다. 복순씨는 자신의 리어카에 감아둔 검

정 고무끈을 풀더니 다시 감고 질끈 묶었다. 둘은 잘 자

라는 인사를 주고받으며 각자의 집으로 향했다. 그렇게

그녀들의 바깥일이 끝났다.

## 노인을 위한 공동체는 가능한가 — 공간에 대해

노인의 자리는 어디일까? 요사이 노인들의 공동체는 대개 작은 규모로, 금전적인 목적을 위해 만들어지는 개인주의적인 형태가 많다. 다르게 말하자면 각자의 비용을 줄이기 위한 방편으로 공동체를 만들거나 참여하는 경우가 많다. 일례로 경로당의 경우, 쉼터의 기능 외에도 공동 식사를 하는 곳, 일자리를 얻는 곳, 정보 공유 등의 기능을 하고 있다. 그렇지만 이 같은 공동체는 내외의 이유로 새롭게 만들어지거나, 사라지거나, 혹은 이합집산하는 일이 빈번하다. 한 지역에 함께 산다는 이유만으로 공동체의 뿌리가 깊어진다는 상상은 옅어지고 있다.

그럼에도 불구하고 노인들 사이에는 여전히 공동체가 존재한다. 여러 동네를 다니다 보면, 정자에 모인 노인들을 자주 발견할 수 있다. 이들은 일회적으로 만난 이들은 아니며, 생활 지역이 근접해 지속적으로 만난 사이인 경우가 많다. 그렇기에 이 역시 노인들의 공동체 중 하나로 이해할 필요가 있다.[1] 여기에는 이웃이 모이기도 하지만, 낯선 이가 잠시 머물다 가기도 한다. 그렇지만 기본적으로 정자는 이용자가 존재하는 공간이다. 종교시설이나 경로당을 비롯한 복지시설에서처럼 등록과 가입 절차가 따로 없으며, 규칙을 가진 조직은 아니지만, 생활 지역이 근접한 이들이 (생활하는 장소, 만남의 장소이자, 소식을 전하는 장소인) 정자를 공동으로 이용하고 있다. 더구나 밤낮을 가리지 않고, 정자는 주민들이 정겹게 생활하는 공간이다.

재활용품을 수집하는 노인들에게 있어 정자는 정보를 주고받는 공간의 역할이 크다. 천호동에서의 일이었다. 한

---

1   보통 도시연구자들은 이 '정자'를 두고 녹지에 설치된 소규모 조경시설물이라고 인식하거나 시민이 알아서 이용하는 장소 정도로 이해하는 데 그친다.

정자에 모인 노인들은 '이사 나가는 집'들에 대한 이야기로 한참 대화를 했다. 왜냐면, 이삿날에는 집주인이나 이삿짐 센터 직원들이 버린 가구나 그릇 등이 나오기 마련이고, 이건 노인들에게 돈이 되기 때문이다. 게다가 지나가던 동네 주민들이 폐지가 배출되는 집을 정자에서 쉬는 노인들에게 알려주는 일도 종종 있다. 그렇지만 정자가 별로 없는 동네에서는 재활용품을 줍는 노인들이 서로 대화를 하거나, 혹은 지역 주민이 노인들에게 정보를 알려주는 일을 찾아보기란 드물었다.

정자라는 공간은 사회복지직 공무원이나 사회복지사가 지속적으로 관찰하는 공간이 아니며, 제도적으로 지원을 하고 있는 대상도 아니다. 그렇지만 노인들이 느슨한 연대감을 통해 서로 위로하고, 지역 주민과의 관계를 맺을 수 있는 주요한 장소이며, 경로당과 같은 노인복지시설과 교회·절·성당과 같은 종교시설과 함께 노인들이 조직을 이루는 장소다.

## 노인의 정신적·육체적 건강 문제

제도의 한계가 극명해지는 순간은 경로당이건 거리에서건 육체적이며 심리적인 위기에 처한 이를 발견할 때다. 강동구에 있는 경로당에서의 일이다. 역시 할머니들만 머무는 공간이었는데, 한 여성은 그 누구와도 대화를 하지 않았다. 할머니들이 말을 걸면 고개를 돌렸고, 사회복지사나 사회복지직 공무원이 와도 아무 말도 하지 않았다. 그렇다고 그녀가 말을 할 수 없는 상태는 아니었다. 누군가 거슬리는 행동을 하면 "하지 마."라며 소리를 내질렀다. 경로당의 회장은 그녀를 두고 외롭게만 살아왔던 사람이라 혼자 있는 게 힘들어 여기에 나오는 것 같다 말했다.

골목에서 재활용품을 줍는 이들 사이에도 문제적인 존재들이 있다. 거리를 거닐며 활동을 하지만 그 누구와의 교류도 없는 유령이 되어버린 사람들이다. 이 중 한 명을 강동구에서 만났다. 한 정자에 머무는 여성들을 인터뷰하는 중이었다. 한참 대화를 나누고 있었는데, 정자에 있는 여성들이 무언가를 경계했다. 한 명은 정자 옆에 세워둔 재활용품 더미를 자신 바로 옆으로 옮겼고, 다른 이들은 자세를 바로 잡았다. 곧이어 해어진 옷을 입은 여성이 정자로 왔다. 그녀는 우리에게 무얼 하는지 물었다. 한 명이 인터뷰를 하는 중이니 저리 가라고 성난 듯 말했다. 그녀는 인터뷰를 하는 자리로 와서 무작정 자신의 이야기를 꺼냈다. 자신이 얼마나 힘들게 살아왔는지, 아들이 평생을 아프다는 이야기를 했고, 아들을 치료하기 위해 어떤 노력을 하고 있는지 쏟아냈다. 그러고는 그녀는 얼마를 줄지 물었다. 돈을 받을 수 없다는 말에 그녀는 소리를 지르며 다른 곳으로 향했다. 그녀가 떠나자 정자에 모인 사람들은 그녀에 대한 이야기를 했다. 재활용품을 줍는 사람으로 동네에서 자주 보이지만, 그녀가 어디에 사는지, 정말 아픈 아들이 있는 게 맞는지 알수 없다는 이야기였다. 게다가 다른 이들이 주위 모아놓은 재활용품을 몰래 가져가다 들킨 적이 있다고도 했다. 얼마 지나지 않아, 그 지역의 공무원과 사회복지사에 물을 기회가 있었다. 그들은 그녀의 존재를 알고 있었지만, 대화가 어렵고 주거지가 불분명해서 대처를 할 수 없는 상황에 안타

까워했다. 서대문에서 만난 프라이팬이나 냄비를 묶어 바닥에 끌고 다니던 여성 역시 인근의 공무원과 사회복지사가 존재를 알고 있지만, 그녀에 대한 별다른 정보가 없어서 대처를 하지 못하고 있었다.

노인들, 특히 재활용품을 수집하는 노인 가운데 신체적이며 물리적인 고통을 겪는 경우들이 종종 있다. 의사인 강모열(2020)은 재활용품 수집 노인들이 위험에 노출되어 있음을 확인했다. 재활용품 관련 작업 중 노인이 신체적인 손상으로 질병을 가질 가능성이 노동자 일반에 비해 5.04배, 공사장 등에의 육체노동자에 비해서는 4.65배 높다고 말했다. 무엇보다 어깨, 손목, 무릎, 발목 통증을 느끼는 사람의 비율이 높은 것으로 확인됐다.[2] 이현정(2015)은 질병이 있는 기초수급대상자인 노인들 10명의 생애사적 경험을 수집하고 연구했는데, 이들 가운데 자살위험 집단으로 파악되는

---

**2**    Joonho Ahn · Jaeyong Lee · Hyeyeon Park · Yangwon Kang · Chungwon Kang · Youngjin You & Mo-Yeol Kang, 2000.

이들이 가진 삶에 대한 태도를 살펴봤다. 이들은 체념적 수용, 불안과 무력감, 우울과 절망, 상대적 만족, 계속되는 분투에 힘겨워했다. 가난한 노인에 대한 지원은 단순한 일자리의 문제가 아니라 건강과 의료적 지원 문제에서 접근할 필요가 있다. 무엇보다 경계심이 높거나, 심리적인 문제를 겪는 이들에 대한 시급한 의료적 조치가 필요하다.[3]

또 다른 질문을 던져보자. 재활용품 수집 노인들은 다른 일을 하는 노인들에 비해 어떤 육체적 부담을 지고 있을까? 재활용품을 주워 나르는 데 '리어카'나 '카트'는 적합한 도구일까? 리어카 무게는 보통 50~70kg을 오간다. 최근 지방자치단체과 민간기업에서 제공하는 경량리어카

---

[3] 게다가 저장강박증이라 부르는 '디오게네스 증후군'을 앓는 노인들에 대한 대책도 시급하다. 부산의 한 남성은 집 안에 20톤가량의 쓰레기를 놓고 살았다는 언론의 보도도 있다. 북아현동에서 만난 한 여성 역시 그녀가 거주하는 한옥집 마당에 재활용품이 사람 키 이상 놓여 있었고, 사람 한 명이 겨우 지나갈 수 있는 정도의 길만 나 있었다. 천호동에서는 다세대 주택에 거주하는 여성의 집을 방문했는데, 몸을 누일 공간 정도를 제외하고는 재활용품이 성인 남성의 가슴팍 높이로 쌓여 있었다.

는 20~30kg 정도다. 여기에 폐지를 가득 실으면 폐지 양만 200~300kg에 달하기도 하니, 300~400kg 내외를 끌고 다니는 경우도 있을 것이다. 카트의 무게는 대략 10kg에서 20kg 사이다. 여기에 재활용품을 가득 실으면 100kg까지는 가능하다. 모든 노인들이 리어카나 카트를 가득 채워서 다니는 건 아니지만, 수십 킬로그램에서 수백 킬로그램 내외를 끌고 아스팔트 위를 다니는 건 청년들에게도 버거운 일이다. 운반을 하다 보면, 우선 어깨에 꽤 심한 부담이 오고, 조금 걷다 보면 다리가 무거워진다. 노인들을 유심히 살펴보면 파스를 붙이고 다니는 이들이 많다. 재활용품을 수집하는 노인들에게 근골격계 질환은 직업병과도 같다. 그나마 가벼운 리어카가 일부 보급되긴 했지만, 문제는 싣는 양은 달라지지 않는다는 점이다.

# 위험한 노인의 현실

조은(2012)은《사당동 더하기 25: 가난에 대한 스물다섯 해의 기록》에서 "빈곤한 상황과 재생산 구조가 그녀들을 거리로 내몰고 있다."고 지적한다. 이 지적은 여전히 유효하며, 우리 사회는 이에 대한 마땅한 해결책을 내놓지 못하고 있다. 게다가 재활용품 수집에 참여 중인 노인들의 신체적·정신적 건강 상태는 위험한 수준이다. 궁극적으로는 노인들이 재활용품을 줍지 않는 사회로 변화시켜 나가야 할 것이다. 그렇지만 당장 해결해야 할 문제들이 있다. 노인들이 재활용품 수집을 하며 겪게 된 신체적·정신적 위험의 상태를 파악해야 하며, 그/녀들이 가진 당장의 생계 문제를 해결해야 한다. 이를 위해 조사되어야 할 것은 재활용품 수집인의 생활과 각 과정에서 발생하는 위험과 대책이다. 이를 목표로 아래 표는 재활용품 수집의 과정을 근거로 고위험군 노인과 일반적 특성을 나누려는 목적으로 작성됐다. 고위험군의 특성 가운데 대표적인 것은 지형을 가리지 않고, 특정한 시간대를 노려 수집한다는 것이다. 특히 노인들이 심야 시간에 고지대에서 수집하는 것을 막을 필요가 있으며, 이외의 상황에서 사회가 개입할 여지를 만들어야 한다.

| 과정 | 핵심 요소 | 고위험군 특성 | ← → | 일반적 특성 |
|---|---|---|---|---|
| 진입 ⇩ 수집 ⇩ 운반 ⇩ 보관 ⇩ 분류 및 판매 | (진입) 계기 | 생계비 마련 | | 가욋돈 마련 |
| | (진입) 수급 여부 | 기초생활비 수급권자, 비수급 빈곤층 | | |
| | (수집) 장소 | 분리수거장, 상업 공간, 공동주택 등 | 지역사회 소개 | 집 근처 |
| | (수집) 주기 | 정기적 | | 필요에 따라 |
| | (수집) 소요 시간 | 장시간 | | 단시간 |
| | (수집) 시간대 | 상업지구 영업 준비 시간대, 상업지구 영업 종료 시간대, 주거지구 출퇴근 시간, 쓰레기 수거차 방문 전, 이웃의 이사 전후 | | 이른 새벽, 오전, 오후 |
| | (수집) 집으로부터의 거리 | 장거리        단거리(반복) | | 단거리(집 근처) |
| | (수집) 거리 지형 | 고지대, 평지 | | 평지 |
| | (운반) 도구/안전 | 리어카, 중대형 카트, 자동차, 자전거 | 중소형 카트, 보행기 등 | 장바구니, 가방 등 |
| | 보관 장소 | 별도 장소 보관 - 골목 보관 - 거주지 근처 보관 - 거주지 보관 | | |
| | 보관량 | 많음 | | 적음 |
| | 보관 기간 | 당일 판매(다량), 단기 보관 | | 당일 판매(소량), 장기 보관 |
| | 판매 주기 | 정기적(단시간) | | 비정기적(장시간) |
| | 판매처 | 유동적 | | 고정적 |
| | 판매 가격 | 고물상 ⇧ 중상(中商) ⇧ 대상(大商) | | |

**표** 재활용품 수집의 과정과 수집인의 위험 정도에 따른 특성 구분

22시

영자씨는 잠이 들었다. 집 바깥에서 여러 소리가 들린다. 경의선 열차가 달리는 소리, 술에 취한 누군가의 악다구니, 길을 오르는 사람의 헐떡이는 소리, 삐걱거리며 지면에 닿는 바퀴 소리. 그녀는 아랑곳하지 않고 잠들었고, 그렇게 하루를 마쳤다. 그렇지만 여전히 하루를 마치지 않은 사람들이 있다. 그리고 이제야 하루를 시작한 사람들도 있다.

몇 년 전부터 구청은 골목마다 '재활용정거장'이라 적힌 플래카드를 걸고, 재활용품 분리수거함을 놓았다. 이곳은 재활용품을 집 앞에 놓아둬도 가져가던 방식을 바꿔 한곳에 모으겠다는 심산으로 만들어졌다. 그렇다고 해서 동네 사람들 모두가 이곳에 재활용품을 내놓는 건 아니었다. 어쨌거나 재활용품이 한곳에 모일 자리가 생긴 셈이다. 얼마 전부터는 재활용정거장 관리인을 두 명 뽑아, 그들에게 그곳에 놓인 재활용품을 정리하게 했다. 보통의 경우, 노인들은 가급적 그곳의 재활용품을 건드리지 않는다. 하지만 간혹 관리인과 싸워서라도 쟁취하겠다는 사람들이 있다. 그이들은 수거장에 앉아 플라스틱이 담긴 망을 풀고, 그 안의 플라스틱을 자신의 리어카에 싣는다. 이렇게 해서라도 가져가야겠다는 의지는 종종 다툼을 만든다. 관리인이 와 "그만하쇼!"라 소리를 치면, "나도 먹고살자."는 소리를 더 크게 내고 묵묵히 하던 일을 한다. 이런 상황이 되면 관리인들도 더 이상 무어라 하지는 못했다.

이 밤에는 또 다른 경쟁이 있다. 구청과 계약한 환경미화원과 재활용품을 줍는 생계가 급한 노인들 사이에서 발생하는 경쟁이다. 북아현동의 경우, 매주 세 번, 화요일, 목요일과 일요일에 구청과 계약한 업체의 수거원들이 와 골목에 놓인 재활용품을 수거한다. 이날이 되면, 재활용품을 줍는 노인들이 무척 예민해진다. 수거 차량이 오기 전에 골목에 도착해야 하기 때문이다. 그러지 않으면 허탕을 치기 일쑤다. 만약 거친 수거차량 소리나 환경미화원의 바쁜 발걸음 소리가 들리면, 바로 방향을 튼다. 그들이 모두 수거해 가고 아무것도 없기 때문이다.

노인들이 들렀다 간 골목에 수거차가 왔다. 수거차에는 한 명의 운전수와 두 명의 수거원이 있다. 수거원들은 아침나절 거리를 청소하는 구청 소속의 환경미화원과는 다르다. 수거원들은 해가 진 시간부터 해가 뜨기 전까지 맡은 동네의 일반쓰레기와 재활용품을 수거한다. 수거차가 골목을 지나다 잠깐 멈춘 사이, 수거원들은 차에서 바삐 내려 골목의 재활용품을 재빨리 옮겨 담는다. 조금이라도 늦어지면 일이 밀리기 때문에 이들의 동작은 무척 빠르다. 한 명이 재활용품을 흘리자 다른 한 명이 재촉하며 말한다. "시간 없다고. 흘린 거다 주워. 안 그러면 민원 들어와 구청서 한소리 한다니까." 이 이야기를 들은 수거원은 끙끙대며 골목의 재활용품을 다시 주워 차에 싣는다. 수거차가 다시 앞으로 간다. 수거원차의 운전수는 골목을 지날 때마다 가슴이 철렁거린다. 운전석이 높은 곳에 위치해 정면은 그럭저럭 잘 보이지만, 조수석 옆 창문 쪽은 잘 보이질 않는다. 골목이라도 지날라치면 누가 튀어나오지는 않을까 걱정이 가득하다. 몇 주 전의 일이었다. 비가 가득 내렸고, 우비를 쓴 수거원이 골목에 놓인 재활용품을 다 줍고 다음 장소로 이동하는 길이었다. 옆의 작은 골목에서 갑자기 리어카가 튀어나왔고, 뒤이어 노인이 보였다. 기사가 깜짝 놀라 클랙슨을 눌렀다. 노인이 깜짝 놀라 리어카를 놓쳐버렸다. 리어카가 내리막길에서 빠른 속도로 내려갈 뻔한 걸, 수거원 둘이 끙끙대며 붙잡아 온 일도 있었다. 운전기사와 수거원은 땀을 삐질삐질 흘렸지만, 숨 돌릴 새도 없이 다음 구역으로 가 재활용품을 주워야 했다. 그 밤에는 인명사고가 없어서 다행이었지만, 이보다 더 무서운 일이 일어날까 봐 늘 걱정이 됐다.

## 재활용품 수거원들과의 경쟁

재활용품 수집 노인이 겪는 어려움은 재활용 관련 정책과 긴밀히 연결되어 있다. 그 누가 의도한 적은 없지만, 노인들은 재활용품 수거원들과 경쟁해야 하는 처지다.[1] 주민은 자

---

1    이 수거원이란 우리가 아는 지방자치단체가 직접 고용한 '청소부' 또는 '청소미화원'은 아니다. 이들은 지방자치단체의 쓰레기 수거 업무를 위탁받은 업체에서 그 업무를 위해 따로 고용한 사람들이다. 이들 역시 마땅한 노동환경을 보장받지 못한다. 2018년, 수거원으로 일하는 한 남성이 청와대 웹페이지에 청원 글을 올렸다. 여기서 그의 근무 상황을 알 수 있다. "주6일 근무, 새벽 1시 출근, 오후 1시 퇴근"하는 생활이며, "추석 연휴 때도 2일"의 휴일만 보장됐다. 게다가 신체적 위험이 존재한다. 수거원이 "차 뒤에 아슬아슬하게 매달려 가다가, (차가) 방지턱(을) 무심코 지나면 무릎이나 허리(에) 통증(이) 오고, 그 뒤에서 오르락내리락하다 보면, 무릎"을 다치기 쉽다. 게다가 그들에게는 "안전벨트(나 안전용구가)"가 제공되지 않고, 사고가 나면 "일(을) 못하고 끝"나는 상황이다. 글쓴이의 바람은 "주말이나 공휴일에는 쉬"길 바라는, 지극히 상식적인 내용이다. ("환경미화원과 재활용품 수거원의 차이", 청와대

기 집 문 앞에 쓰레기와 재활용품이 없으면 모든 일이 잘 이뤄지고 있다고 믿고 있다. 북아현동에서는 위탁업체가 매주 화요일, 목요일, 일요일 밤에 방문해 쓰레기와 재활용품과 음식물쓰레기를 가져간다. 노인들은 수거차보다 앞서 재활용품을 주우러 다닌다. 어떤 노인은 수거차의 동선을 경험적으로 암기하고, 수거차가 방문하기 이전 시간을 이용해 재활용품을 줍기도 했다.

### 재활용정거장이라는 대안은 제대로 기능하는가

'주인 없이 방치된 쓰레기'를 줄이기 위해 서울시가 제시했던 재활용정거장의 취지와 목표는 타당하다. 앞서 문제로 제시했던 쓰레기 문전수거의 문제와 재활용품수거장의 부재를 해결하며, 동시에 노인들이 재활용정거장을 관리하며 지원금을 받을 수 있다. 게다가 서울시는 재활용정거장의 수를 확대하며 재활용품을 가가호호의 문 앞이 아니라 고정

국민청원, 2018년 9월 10일)

된 장소에 배출하게 유도하고 있다. 그렇지만 주민들이 쓰레기를 배출하는 방식까지 변화시키지는 못했다. 재활용정거장에 대한 불만이 나타나는 지점은 재활용정거장의 위치 문제와 여전히 임의로 자기 집 문 앞에 배출하는 문제다. 주민들은 재활용정거장이 자신의 집 앞에 놓이는 것에 대한 불만을 갖고, 지속적으로 민원을 제기했다. 이로 인해 재활용정거장을 줄이거나 없애기로 결정한 일부 구청도 있었다. 또 재활용정거장이 있는데도 구청에서 여전히 문전수거 방식으로 재활용품을 수거하기 때문에 주민의 입장에서는 굳이 재활용정거장을 이용할 필요가 없다.

2014년 1월, 서울특별시는 지방자치단체 중 처음으로 재활용품 수집 노인을 지원하려는 목적의 〈재활용품 수집·관리인 지원 조례〉를 제정했다. 이 조례의 주된 내용은 재활용품 수집 노인의 실태를 조사하겠다는 것과 재활용정거장을 통해 '문전수거'되는 재활용품의 양을 줄이며, 재활용정거장에 재활용품 수집 노인을 고용하겠다는 것이었다. 2019년 말을 기준으로 서울에는 총 10,045개의 재활용정거장이 있다. 이 모든 곳에서 노인을 고용하는 것은 아니다. 여기에서도 7%(786개소)에 해당하는 이동식 재활용정거장에서만 노인 616명을 고용했고, 이들을 자원관리사(재활용관리인)로 명명했다.[2]

자원관리사인 노인은 매 주마다 1~2회씩, 6~9시와 17시~20시 사이에 재활용정거장의 재활용품을 재분류하거나 주변을 청소하는 일을 한다. 이 일을 하는 616명 가운데 취약계층으로 여겨지는 이들은 523명이며, 이들 중 95명은 보건복지부의 노인일자리사업과 연계되었고, 나머지는 시비를 통해 지원받는다. 이 둘의 차이는 비용에 있다. 노인일자리사업과 연계된 이들은 보건복지부의 '노인일자리 활동지

---

**2** 이동식 정거장은 이동형(398개소)와 상시형(388개소)으로 구분된다. 이동형은 수집관리인이 지정된 요일의 지정된 시간에 수거함을 설치·해체하는 곳이며, 상시형은 일정 장소에서 상시 운영하며 수시로 관리하는 곳이다. 이 이동식 정거장은 25개 구 가운데 9개 구(중구, 동대문구, 노원구, 은평구, 서대문구, 양천구, 금천구, 영등포구, 송파구)가 참여하고 있다. (서울특별시 기후환경본부, 2020b) 그렇지만 2019년 서대문구의 경우, 시비 지원이 없었고, 자원관리사를 단 한 명도 고용하지 않았다.

원 사업'을 통해 9개월 동안 27만 원을 받았고, 남은 3개월은 서울시비로 12만 원씩을 매달 받았다. 노인일자리사업에 참여하지 않은 대다수의 노인들은 1년 동안 매월 12만 원을 받았다.[3] 그렇지만 이 사업을 통해 노인의 상황이 나아졌다고 볼 수는 없다. 여전히 일부 노인들은 재활용품을 관리하면서도 재활용품을 수집하고 있다.

이것은 '소득'의 문제다. 금천구 독산4동은 이런 상황에서 과감한 실험을 시도했다. 2016년 11월, 독산4동 내에서 발생하는 재활용품을 재활용정거장 59곳에서만 수거하기로 결정했다. 이전처럼 집 앞에 배출된 쓰레기를 치우지 않겠다고 결정한 것이다. 곧바로 불만에 가득 찬 민원이 주민센터로 들어왔다. 담당 공무원과 주민자치위원, 통장 등이 나서 민원인들을 설득했고, 자원관리사들과 공무원들이 방치된 쓰레기를 치웠다. 그렇다고 이전의 문전수거 방식으로

---

**3** 일부 자치구에서는 이들에게 구비(5만~28만 원)를 추가로 지원했다. (서울특별시 기후환경본부, 2020a)

되돌리진 않았다. 쓰레기가 놓여 있던 자리에 벤치를 만들고, 화분을 가져다 꽃을 심었다. 이후 문 앞에 쓰레기를 배출하는 사람의 수가 현저히 줄었다.[4] 게다가 위에서 말한 대로 다른 지역의 재활용정거장 관리인이 12만 원을 받았지만, 독산4동에서는 재활용관리인에게 월 40만 원을 지급하며 재활용정거장 59개소의 관리를 맡겼다. 재활용관리인은 재활용품 수거일(주 2회)에 맞춰 15시부터 19시까지 재활용정거장을 관리했다.[5] 주민들의 재활용품 배출에 규칙이 생겼고, 노인들은 자원관리사로 일하는 데 집중했다.

## 제안

재활용품 수집 노인을 제도권으로 포섭해야 할까? 쉽게 단언할 수는 없다. 여기에 대해 "공적으로 비공식적인 노동을

---

**4** 윤찬영, "'왜 힘들게 재활용해야 해?' 이 질문에 답을 드립니다", 〈오마이뉴스〉, 2018년 4월 28일.

**5** 김보근, "'재활용품 50% 주민 직접 분리 배출' 은평구-녹소연 실험 눈길", 〈서울&〉, 2019년 11월 14일.

유지한다"는 비판과 "그들이 전업할 수 있게 하는 노력이 우선이다"라는 제안 역시 존재한다. 물론 노인들을 비제도권의 영역에 둬서는 안 된다. 그렇지만 시급한 대책과 장기적인 대책은 구분해야 한다. 우선 노인들의 실태를 알기 위해, 노인들을 조사에 포함할 수 있어야 한다. 그리고 재활용정거장을 현행 재활용센터처럼 일종의 거래 개념이 포함되는 공간으로 재구성할 방안을 모색해보는 것을 제안한다. 그러기 위해서는 고물상과 재활용정거장의 협력 관계 구축이 필요하다. 경쟁 대상이 아니라, 제도의 조정을 통해서 (비등록) 고물상을 재활용정거장의 중간 기점으로 이용할 수도 있다. 또한 현재 재활용정거장의 관리인에게만 주어지는 보상금은 노동에 대한 급여인데, 자원보상금 제도로의 전환을 시도할 수 있다. 자원보상금 제도를 실시하면 폐지 값의 최저치를 방어할 수 있으며, 여성노인뿐 아니라 노인들의 부담을 덜 수 있으리라 본다. 더군다나 고물상들과의 연계를 통하여, 일종의 시세를 조정할 수도 있다. 재원 마련이 쉽지 않겠으나, 노인복지 제도와의 협력적 관계를 통한 공적기금

조성 등을 통해 준비할 수 있다고 본다. 이러한 문제를 해결하며, 동시에 노인들의 일자리 수준을 높이고, 사회복지 정책에 입각해 노인들의 기본적인 생활을 위한 지원을 확보해야 한다.

## 재활용품 수집 노인을 위한 지방자치단체의 시도

재활용품 수집인을 지원하기 위한 전국적인 시도는 2014년 서울특별시의 〈서울특별시 재활용품 수집·관리인 지원 조례〉에서 시작됐다. 이 조례는 2020년 1월 개정됐는데, 내용은 다음과 같다. (1)재활용품 정거장을 운용하며 (2)이를 거점으로 (수집인 가운데) 관리인을 선발해 고용한다. 뿐만 아니라 (3)재활용품 수집인(관리인)에 대한 실태 조사를 실시하며, (4)시는 사회안전망을 구축하고 이들에게 안전장비를 지급하며 안전교육을 실시한다. 이후에 발의된 각 지방자치단체의 조례는 서울특별시 조례의 (3)과 (4)를 기초로 하고 있으며, 현재까지 55개의 지방자치단체가 자치 조례를 제정했다. 각 지방자치단체에서는 조례를 기초로 소규모 단위의 안전장비 지급과 안전교육을 실시하고 있다. 이 지방자치단체의 대표적인 사업은 야광조끼와 리어카에 붙일 반사스티커를 지급하는 것이며, 경량 리어카를 지급하는 곳도 있다.

지방자치단체의 시도 중 경기도 수원시의 사례는 독특하다. 조례에 재활용품 수집인 지원 위원회를 구성하며, 조직의 구성원을 수원시의회 의원, 재활용품 수집인 지원 관련 전문가, 지역사회보장협의체 위원, 시민단체 추천인으로 두고 있고, 이 위원회의 간사를 재활용업무 담당자가 맡고 있다. 이런 구성은 눈여겨보아야 할 필요가 있다. 재활용품 수집 노인의 문제는 사회복지정책뿐만 아니라 재활용정책이 함께 해결해야 할 문제라는 점을 알 수 있다. 더 나아가 도시공간의 문제라는 점을 염두에 둘 때, 도시계획/설계 분야의 전문가 역시 이 문제의 실마리를 찾아야 할 필요가 있다. 아직은 각 지방자치단체의 사업에 대한 평가가 이뤄지진 않았다. 이들의 지원이 얼마나 효과적이었는지를 파악해야 하는 숙제가 여전히 남아 있다.

＊ 재활용품 수집인 지원에 관한 조례를 제정한 지자체[1]

2014년

1/9 서울특별시

2015년

1/1 부산광역시, 4/8 경기도, 4/8 인천광역시 동구, 6/19

---

[1]　국가법령정보센터(http://law.go.kr)에서 검색한 결과다.

서울특별시 강북구, 전라남도 목포시, 11/9 대구광역시 동구


2016년

1/8 강원도 원주시, 7/15 경기도 광주시, 11/7 부산광역시 서구, 11/17 서울특별시 마포구


2017년

1/1 충청북도 충주시, 7/17 인천광역시, 7/27 경기도 남양주시, 9/27 경기도 수원시, 9/28 경상북도 경산시, 서울특별시 노원구, 9/29 인천광역시 계양구, 12/21 경상남도 거제시, 12/29 전라남도 여수시


2018년

4/2 경상북도 예천군, 4/20 충청남도 계룡시, 5/25 서울특별시 종로구, 10/4 서울특별시 영등포구, 10/3 대구광역시 수성구, 10/31 서울특별시 강동구, 12/18 경기도 고양시, 12/27 경상북도 경주시, 12/31 전라남도 나주시, 서울특별시 광진구

2019년

1/4 강원도, 2/13 서울특별시 중구, 2/18 경기도 수원시
(수집인 지원 위원회 신설 및 전부 개정), 3/5 경기도 안양시,
3/28 서울특별시 동대문구, 5/10 강원도 영월군, 5/15 전
라북도 군산시, 5/20 광주광역시 북구, 9/27 경기도 평
택시, 10/29 대전광역시 서구, 11/11 인천광역시 미추홀
구, 12/11 전라북도, 12/26 경상남도, 서울특별시 성북구,
12/30 충청남도

2020년

1/9 서울특별시(재활용정거장 관련 항목 신설), 2/7 대전광역
시 유성구, 2/27 전라북도 완주군, 2/27 전라남도, 3/27 전
라북도 남원시, 4/3 경상남도 김해시, 4/17 강원도 속초시,
6/1 대구광역시 동구(예방교육 항목 신설, 일부 개정), 6/12
전라북도 전주시, 7/9 경상남도 양산시, 9/24 울산광역시
동구, 10/8 충청북도 청주시

1시 25분

이전과 달리 새벽의 시간은 낮이나 다를 바 없다. 물론 새벽에는 낮에 비해 인적이 드물다. 영자씨 역시 잠을 청하고 있다. 그렇지만 이 시간 누군가는 여전히 거리에 있었고, 그중에는 용만씨, 기정씨, 그리고 미자씨가 있다.

일이 늦게 끝난 기정씨는 을지로3가 회사 앞에서 택시를 탔다. 그의 집은 북아현동 고지대에 있는 빌라다. 그는 부산에서 대학을 졸업했고, 졸업하자마자 지금 회사에 입사했다. 가진 돈이 넉넉하지 않은 탓에 서울에서의 첫 집을 북아현동으로 정했다. 게다가 서울이 다 보이는 곳에 산다는 로망도 해소할 수 있었다. 그는 심야버스를 타도 됐다. 그렇지만 버스가 서는 종로까지 나가야 하는 데다 아현역 정류장에 내린다 해도 오르막을 오르기 귀찮은 마음에 택시를 잡아탔다. 게다가 이동하는 데 이십오 분밖에 걸리지 않으니 마다할 이유도 없었다.

택시를 운전하는 용만씨는 기정씨가 가자는 북아현동의 ××빌라로 달렸다. 그는 마음이 급하다. 잔뜩 긴장한 표정으로 꽤 빠른 속도로 길을 달린다. 승객을 내려주고 사람이 많은 상권으로 돌아오는 데 걸리는 시간을 줄여야 하기 때문이다. 용만씨에게 이 자정에서 새벽 두시 사이는 무척 중요한 시간대다. 이 시간이면 그날 주행의 실적 상당수를 쌓을 수 있고, 요금 할증이 적용되어 돈을 더 벌 수 있는 데다 손님도 가장 많았다. 지금은 택시보다 손님이 더 많은 시간이었다.

아현역을 지나, 골목에 들어서자 용만씨는 부쩍 더 긴장했다. 운전하는 기사 입장에서 이런 골목은 고역이었다. 좁은 골목이 구불구불하게 이어졌고, 언제 어디서 사람이 튀어나올지 몰라 신경이 잔뜩 쓰였다. 더구나 며칠 전, 심야 시간에 운행하던 택시 한 대가 갑자기 튀어나온 폐지를 줍던 노인 한 명을 들이받은 사건이 발생했고, 그 뉴스로 회사가 시끌벅적했다. 그날부터 오늘까지, 회사 주임이 출근 조회 때 같은 이야기를 반복하고 있었다. "거, 골목에서 사고가 나면 안 돼요. 기사님들이 손해를 입고, 회사도 손해가 막심해질 겁니다. 조심, 또 조심해야 합니다. 안전운전." 그렇지만 지금 이 시간은 가능한 한 소요 시간을 일 분이라도 줄여야 하는 때다.

택시가 골목의 중간쯤 올랐을 때, 용만씨는 형광조끼를 입은 미자씨를 발견했다. 미자씨는 리어카를 끌고 오르막을 오르고 있었다. 용만씨는 미자씨가 갑자기 서버리면 낭패라는 생각에 라이트를 껐다 켰다를 반복했다. 그렇지만 속도를 줄일 수는 없었다. 미자씨가 길 옆으로 붙어 잠시 멈췄고, 용만씨는 그 옆을 돌아 지나쳤다. 기정씨가 용만씨에게 말을 걸었다. "골목에서 운전하는 일이 쉽진 않으시겠네요. 어르신들이 갑자기 튀어나와서 놀라는 일이 많으시겠어요." 용만씨의 답은 덤덤했다. "흔한 일이네요. 안쓰럽기도 하고, 나라에서 가난한 사람들을 구제해줘야 할 텐데, 계속 늘어나는 것 같네요." 기정씨의 답은 의외였다. "젊어서 잘못 살면 저리 되나 봐요." 용만씨가 언짢은 듯 말했다. "먹고살 만해도 저런다 안 합니까. 제 친구 어머니도 병 주우러 다닌다 하네요. 집도 있는데." 대화가 끝날 때쯤 기정씨가 내렸다.

용만씨는 다시 택시를 몰고 골목을 내려왔다. 시계를 흘깃흘깃 쳐다봤다. 마침 동료로부터 서울역으로 오라는 전화가 왔고, 갈 길을 생각하며 골목을 내려왔다. 가능한 한 빨리 내려가야 했다. 골목을 내려가는 길에 갑자기 리어카가 나타났고, 용만씨는 급히 브레이크를 밟았다. 아까 보았던 미자씨였다. 그녀는 작은 골목서 재활용품을 줍고 빠져나오는 길이었다. 그녀는 갑자기 나타난 재빠른 차에 놀라 골목 한복판에 주저앉았다. 용만씨는 창문을 열고 작게 외쳤다. "할머니, 죄송해요.

비켜주셔야 해요. 다쳐요." 미자씨는 놀란 마음이 가라

앉지 않았는지 우두커니 그대로 서 있었다. 용만씨는

시간이 아까웠지만 기다려야 했다. 얼마 지나지 않아

미자씨가 정신을 차리고는 리어카를 옆으로 밀었고, 용

만씨는 액셀을 밟으며 골목을 빠져나왔다.

## 새벽의 노인들을 위협하는 것들

조사를 하던 초기, "새벽에 거리에 나선 이들은 생활의 곤
궁함 때문에 그런 것이 아닌가" 하는 추측을 했었다. 그 모
습에는 "불안과 위험에 동요하고 열광하며, (졸음 탓에 함부로)
휴식을 취할 수 없는 순간"에 일을 해야만 하는 여러 사연들
이 숨겨져 있다. 다시 강조하지만 "'어느 시간에 잠을 자고
일을 하느냐'는 재활용품 수집에 나선 여성노인들의 빈곤
정도를 구분할 수 있는 중요한 지점이다."[1]

노인들은 생활의 곤궁함 때문에 잠을 포기하고 새벽의
골목에 나선다. 새벽이란, 이때 나와야 목표한 양을 채워 하
루살이를 위한 생계비를 벌 수 있는 노인들과 아직도 목표한

---

[1]    소준철·서종건, 2015: 73쪽.

양을 채우지 못해 집에 들어가지 못한 노인들의 시간이다.

노인들은 주로 4시에서 6시 사이에 길을 나선다. 그래도 잠을 자고 일어나서 나선 경우다. 1시에서 4시 사이에 골목을 오가는 노인들도 심심찮게 만날 수 있다. 노인들은 한밤중 지그재그 모양을 그리며 걷는다. 새벽은 재활용품 줍기의 경쟁자가 없는 시간이지만, 또 다른 '적'들이 많은 시간이기도 하다. 인적이 드문 골목길에서는 갑작스러운 사고가 일어나기 쉽다.

## 위험 1. 교통사고

북아현동은 지대가 높다. 가장 낮은 아현역에서 제일 높은 경의선 터널 위까지의 거리는 한 500~600m 정도로 쉼 없는 오르막이었다. 걸어서는 10분 내지 15분 정도가 걸린다. 한낮에는 이 골목 곳곳에 사람들이 앉아 있지만, 새벽녘에는 아무도 없다. 그저 멀리서 들려오는 청소차 소리와 수거원의 바쁜 걸음소리가 들릴 뿐이다. 아주 일부지만 가로등이 없는 골목을 걷는 일은 무섭기도 했다. 그렇지만 더 무서운 건, 슈우욱 하며 지나가는 택시 소리다. 지나는 택시 차창으로 비치는 손님들의 모습은 야근을 했거나 신나게 저녁시간을 보냈던 젊은 사람들이었다. 이들은 어두운 골목을 피해서, 혹은 몸이 피로해서 택시를 이용했을 것이다. 이때 위험을 만드는 건 택시의 속도다. 더구나 짧은 시간에 많은 손님을 태워야 하는 심야 시간 기사들은 언덕길에서도 속도를 올린다. 거리마다 '제한 속도'가 정해져 있을지언정 심야 북아현동 언덕길의 속도는 택시 기사에게 맞춰져 있다.

노인들에게 닥치는 위험은 비단 택시 기사만의 잘못은 아니다. 그들 역시 교통사고를 두려워하기 때문에 나름대로 무척 조심하며 운전을 하고 있다. 문제는 골목과 차도의 구분이 없는 보행자·차량 혼용도로에서 차량의 통행을 제한하지 못해서 생겨난다. 재활용품과 쓰레기 수거차량이나 새벽의 택시는 정해진 목적지를 향해 가급적 차량이 통행 가능한 큰 골목을 직선으로 이동한다. 그렇지만 재활용품을 줍는 노인들은 정해둔 목적지 없이 수집할 거리를 찾아 지그재그 모양을 그리며 이동한다. 사고는 차량과 노인들의 통행 패턴이 엇갈릴 때 발생한다. 노인들이 작은 골목에 들어갔다 나오며, 직선으로 달리는 차량과 마주칠 때 사고의 위험이 가장 높다. 노인들은 명확한 목적지가 없고, 큰 골목과 작은 골목을 뒤져 재활용품을 주워야 한다. 일직선으로 이동하는 사람들에게 노인들의 들쑥날쑥한 이동은 갑작스런 등장으로 이해될 것이다. 노인들의 입장에선 큰 골목에 진입할 때마다 오른쪽 왼쪽을 번갈아 살펴봐야 한다. 그렇지만 이것도 쉽지 않다. 리어카나 카트를 뒤에서 미는 경우에 몸은 작은 골목에 있고, 운반 도구는 큰 골목에 나와 있기 쉽다.

가장 위험한 순간은 노인들이 작은 골목에서 재활용품을 줍고, 큰 골목으로 나와 차를 만날 때다. 심야 시간은 인적이 드물어 차량들의 속도가 낮보다 빠르다. 차량의 운전자 시야에 노인이 잡히지 않는 경우가 있다. 골목에서 교통사고가 일어나는 일도 잦다. 서울만 하더라도 2016년에서 2018년까지 18명의 재활용품 수집 노인이 교통사고로 사망했다.[2] 부상자는 경찰청의 통계에 잡히지 않기에 사고를 당한 사람은 그 이상일 것이다. 지방자치단체에서는 노인들을 대상으로 안전교육을 실시하며 안전용품을 지급하지만, 이것만으로 사고를 예방할 수 있을까? 노인이 야광조끼나 반사스티커 등의 안전용품을 사용한다고 해서 사고가 사라지진 않는다. 이러한 지원은 노인이 사고를 스스로 예방하는 수밖에 없다고 강조하는 꼴이다. 사고는 온전히 노인의 탓이 아니다. 그리고 용만씨와 같은 운전기사들의 탓을 할 수만도 없다. 이런 경우, 우리는 공간 자체의 속도를 줄일 방법을 모색해야 하는 건 아닐까? 예를 들어, 골목과 골목이 만나는 자리 앞에서 차량이 자연스럽게 속도를 줄일 수 있게끔 과속방지턱을 설치하는 공간 변화를 꾀해야 하는 건 아닐까?

---

**2**    최용준, "새까만 겨울 밤길 걷는 폐지 노인 … 교통사고 잇따라", 〈파이낸셜 뉴스〉, 2019년 1월 4일.

## 위험 2. 묻지마폭행

또 다른 위험은 말 그대로 물리적 폭력이 가해질 수도 있는 새벽의 환경에서 기인한다. 2018년 두 건의 살인 사건에서 새벽의 모습을 엿볼 수 있었다. 먼저, 경상남도 거제시에서 20세 남성이 58세의 한 여성을 폭행해 살해한 일이 있었다.[3] 또 거제의 묻지마폭행 사건이 벌어진 지 한 달이 지난 때, 울산시 울주군에서도 비슷한 일이 발생했다. 25세 남성이 77세 여성을 폭행한 것이다.[4] 한편에서는 '묻지마폭행'과 '음주 상태에서의 폭행'에 대한 처벌 수위를 높여야 하며, 방범을 강화해야 한다는 주장도 있었다.[5]

---

[3] 무엇보다 경찰이 폭행을 가한 남성에게 '과실치사' 혐의를 적용한 것에 대한 비판이 이어졌다. 해당 남성이 '고의성 없는' 상태로 여성을 사망에 이르게 했다는 판단이었다. 이후, 검찰에서 '살인' 혐의로 구속 사유를 정정했다. (허정헌, "거제 묻지마폭행 살인죄 적용 이유는 '고의성'", 〈한국일보〉, 2018년 11월 2일)

[4] 노진표, "울산서 술 취한 20대, 폐지 줍던 70대 할머니 폭행", 〈서울경제〉, 2018년 11월 19일.

[5] 한승곤, "폐지 줍는 노인, '범죄 예방' 대책 없나", 〈아시아경제〉, 2018년 11월 2일.

　그래선지 새벽에 일하는 사람들과 대화를 나누기란 쉽지 않다. 한 여성노인은 말을 거는 필자에게 소리를 지르며, 플라스틱통 하나를 집어 던졌다. 필자는 죄송하다는 말과 함께 자리를 피했다. 그녀에게 젊은 남성은 위협적인 존재였을 것이다. 대화를 나누지 못했던 그 여성노인은 필자에게 '화'를 낸 것이 아니라 '두려움'을 표출한 것이다. 그것이 어떤 특정한 개인에게 가진 두려움이라는 생각은 들지 않는다. 그녀는 사회로부터 보호받지 못한다는 두려움을 갖고 있었을 것이다. '이 일을 하는 늙은 노인'에게 가해지는 사회의 위협이 엿보이는 순간이다.

5시 30분

영자씨는 잠에서 깼다. 홀로 자신의 손과 발을 차례대로 주물렀다. 그리고 파스를 꺼냈다. 가위로 파스를 잘게 잘랐고, 그중 몇 개를 집어 허리와 무릎에 붙였다. 남은 파스는 다시 포장지에 넣어뒀다. 그녀는 이렇게 파스 한 장으로 사흘을 썼다. "시원허네." 그녀의 말을 듣는 사람은 없다. 그리고 방문요양센터에서 일하는 총각 욕을 시원하게 한다. "저번 그 파스는 시원한 줄도 모르겠더니." 그 총각은 중풍으로 쓰러진 윗집 할아버지가 불러오는 사람이었다. 영자씨가 집으로 들어오는 길에 그를 만났는데, 그가 물티슈와 파스 몇 개를 채운 종이봉투를 줬다. 그 나름의 선의였는지 상술이었는지 알 수는 없다. 어쨌거나 영자씨는 파스 값을 아꼈다며 무척 고마워했다. 그렇지만 막상 써보니 기대와 달리 시원한 감이 전혀 없었다.

파스를 붙이고, 영자씨는 다시 이불 위에 누웠다. 오늘 해야 할 일을 생각했다. 일곱 시에는 동네에 있는 공영 주차장 청소 일정이 있었다. 청소를 마치고 돌아와 아침밥을 먹고, 곧바로 나가서 재활용품을 줍고, 열한 시 사십 분까지 경로당에 가서 점심을 먹을 생각이었다. 경로당에서 사람들과 오랜만에 인사하고, 세 시쯤에 나와 다시 일을 할 계획이었다. 그녀는 일을 시작하며 경로당에 가는 횟수가 줄었다. 재활용품을 줍는 일이 남에게 부끄러워 그런 건 아니었다. 영자씨와 마찬가지로 재활용품을 주우며 경로당에 나가는 사람의 수가 꽤 됐다. 단지 이전에 비해 돈을 더 벌어야 하는데, 그러려면 시간이 더 필요했기 때문이다. 그래서 청소하러 가기 전에 짧게라도 버려진 것들을 줍기로 마음먹었다.

여섯 시가 되자 영자씨는 집 바깥으로 나왔다. 어제 주운 것들이 멀쩡하게 있는지 확인을 했고, 카트의 자물쇠를 풀었다. 카트를 끌고, 어젯밤에 한창 수다를 떨었던 정자 쪽으로 이동했다. 아침 일찍 출근하는 사람들이 내버리고 가는 재활용품을 찾으러 나선 것이었다. 새벽의 일도 어려웠다. 운동 겸 용돈 벌이로 재활용품을 주우러 나온 사람들이 유난히 많았다. 이 시간대에 나다니는 사람들 중에서 카트나 리어카를 끄는 사람은 별로 없었다. 빈손으로 나와서, 주운 상자를 겨드랑이에 끼거나 손으로 드는 사람이 많았다.

가장 인기가 좋은 곳은 하나 남은 오래된 슈퍼마켓이었다. 영자씨 집에서는 십 분 거리에 있는 곳인데, 슈퍼마켓을 하는 젊은 사장이 아침마다 전날 모은 유리병을 내놓았다. 보통 사람들이 유리병을 슈퍼에 가져가면 백 원에서 백삼십 원 하는 보증금을 받는다. 그 사장은 보증금을 내주고 들어온 유리병을 다시 노인들에게 주는 셈이었다. 보통 몇 십 개를 바깥에 내놓는데, 그것만 해도 몇천 원 어치였다. 사장의 좋은 뜻은 동네 노인들에게 일종의 선착순 복권과도 같았다. 요새 시세로 상자 백 킬로그램 이상을 주워야 하는 값어치니 모두가 달려들었다.

영자씨 역시 혹시나 하는 마음에 이 슈퍼로 향했다. 슈퍼가 열리는 시간은 빠르면 여섯 시 반, 늦으면 일곱 시였다. 영자씨는 출근하는 사람들이 내놓은 상자 몇 개를 주우면서 휴대폰을 꺼내 계속 시간을 확인했다. 괜히 상자를 줍다가 유리병을 놓칠 수 없다는 생각이 가득했다. 그녀가 슈퍼 근처에 다다랐을 때, 가게에 불이 켜졌다. 더 빨리 걸었다.

유리병이 놓인 자리 앞에 한 사람이 있었다. 그는 영자씨를 보더니 말했다. "얼른 오슈. 제가 한 스무 개만 가져갈 테니 어르신이 가져갈 수 있는 만큼 가져가시오." 영자씨는 감사하다는 말을 거듭하며 유리병을 주웠다. 그러나 카트에 유리병을 올려 담기가 힘들었다. 슈퍼 안으로 들어가 사장에게 큰 비닐봉투 두 개를 받았다. 그녀는 마음이 급해 몇 개인지 세지도 못한 채, 비닐이 늘어날 정도로 가득 담았다. 그러고는 남은 유리병을 보았다. 열 병 남짓이었다. 남은 것까지 전부 챙겨 가고

싫었지만, 다음에 올 사람이 있다는 생각이 들었다. 그

래서 비닐에서 유리병 열 개쯤을 다시 꺼냈다.

## 그들을 바라보는 몇 가지 시선

재활용품 수집은, 노인들에게 허용된 몇 안 되는 생계 방편이다. 이 현상에는 재활용품이 과다하게 배출되는 (행정력이 부족한) 도시와 돈이 필요한 노인, 그리고 재활용 산업이 맞물려 있다. 이 현상을 바라보는 사람들의 시선은 다양하다. 지역 주민들의 경우 이해의 시선을 보내기도 하고, 어떤 이는 '연민'하는 상대로 파악한다. (하지만 '청소부'를 기대하는 사람들의 생각과 달리 이들의 수거량은 전체 재활용량의 일부에 불과할 것으로 추정된다.)

2016년 4월, 폐지 수집하는 노인들을 다룬 한 신문기사에 대한 반응은 여러 가지였다. 상당수는 노인의 삶을 잔인하고 비참하게 여기며, 연민을 느꼈다. "이분들도 그 누군가의 부모님이실 테고 또 어느 누군가의 미래 모습이 아닐까요? 그럼 무엇을 어떻게 해야 할지 우리 모두가 고민하고 노력해야 할 텐데."[1] 물론 가슴이 아프고 눈물 나는 일이다. 한국사회는 OECD 가입 국가가 될 정도로 성장했음에도 여전히 "위험에 노출되고, 저임금에 힘들어하는 분들"이 있는 세상이다. 이런 말들에는 극단적인 양극화와 이로 인한 불평등이 깔려 있다. 그러나 이러한 인식만으로는 사회가 변화하지 않는다. 어떤 이들은 "폐지 한 장, 빈 병 하나라도 쥐어드리는 따뜻한 세상이" 오길 바란다고 말한다.[2] 다음 절에서 자세히 이야기하겠지만, 동정과 시혜보다 기본적인 삶이 보장되지 않는 사회에 대한 변화를 요구해야 할 필요가 있다.

---

**1**　박송이, "재활용산업 먹이사슬의 끝에서 살아가는 '폐지 줍는 노인'"의 다음 뉴스 게시글에 달린 '골○○령'의 댓글, 2016년 4월 30일.

**2**　"기사만 봐도 가슴이 아프고 눈물 나네요... oecd국가 중 노인빈곤율 1위의 나라에 사는 우리들 인생이 넘 슬프네요..ㅜㅜ.ㅜ 좀 더 살기 좋은 나라가 돼서 이렇게 위험에 노출되고 저임금에 힘들어하는 분들이 없었으면 좋겠네요... 이런 분들 보면서 자업자득이라며 냉대하기보다는 폐지 한 장 빈병 하나라도 쥐어드리는 따뜻한 세상이 오길~~~" (박송이, "재활용산업 먹이사슬의 끝에서 살아가는 '폐지 줍는 노인'"의 다음 뉴스 게시글에 달린 '하○○다'의 댓글, 2016년 4월 30일)

분노 어린 댓글도 여럿 달렸다. 어떤 이는 "정부"의 책임을 따져 묻기도 한다.[3] "노인 부양 문제는 그간 사회를 위해 공헌한 분들에 대해 정부로서 그에 합당한 노년 생활을 보장해주는 것이 당연하다는 것이다. 이는 복지 문제와 차원을 달리하는 정부의 의무가 아닌가?"[4] 우리는 어떤 태도

---

**3** 사람들의 연민이 잘못된 허상에 대한 연민이라는 듯한 훈계조의 댓글은 무척 인상적이다. "아주 어려운 분들"이 별로 없고, "오히려 부지런하고 알뜰해서" 폐지를 줍는 분들이 많기 때문에 "빨간 머리 앤"을 보듯 "미화하지 마세요. ⋯'그냥 부지런하시구나' 하고 바라봐주시다가 무거운 리어카다 싶으면 도와주시는 것이" 좋겠다고 말하는 이도 있다. 여기에 "폐지(는) 돈이라 '폐지 줍는 풍경'(은) 영원히 안 사라집니다"라고 말한다. 이 댓글은 앞서 연민하는 사람의 속살을 벗겨내듯 미화하지 말 것을 요구하고 있다. 실제로 "부지런하고 알뜰해서" 폐지를 줍는 사람도 분명 있을 것이다. 하지만 이는 너무나 쉽게 '일반화'를 범하며 현상을 외면하는 태도다. (박송이, "재활용산업 먹이사슬의 끝에서 살아가는 '폐지 줍는 노인'"의 다음 뉴스 게시글에 달린 '김○란'의 댓글, 2016년 4월 30일)

**4** "이런 문제는 복지 차원을 떠나 정부가 당연히 할 일이 아닌가. 특히 사회적 약자인 영유아 보육 예산과 노인 부양 예산은 정부로서 당연히 책임지고 해야 하는 일이라는 것이다. 영유아 보육 문제는 맞벌이하는 부부를 위해 해야 함이고 이는 또한 저출산 문제를 해결하는 가장 중요한 문제가 아닌가. 노인 부양 문제는 그간 사회를 위해 공헌한 분들에 대해 정부로서 그에 합당한 노년 생활을 보장해주는 것이 당연하다는 것이다. 이는 복지 문제와

를 취해야 마땅할까? 연민해야 할까, 쓰레기를 치워주는 데 대해 감사해야 할까, 아니면 책임과 부당함을 느껴야 할까? 그들 자체에 대해 연민이나 감사함을 느끼기보다는 그들이 그런 일을 할 수밖에 없도록 만드는 이 사회를 바꾸고 고칠 궁리를 해야 하는 게 아닐까?

재활용품 수집 노인들이 자주 보이는 지역의 주민들은 어떻게 말할까? 연민이나 동정의 대상으로 보는 경우가 흔하지만 '굳이 저 일을 하지 않아도 될 텐데.'라거나 '좋아서 하나?', '습관인가?' 하는 반응이 나오는 경우도 있다. 물론 자녀의 지원을 받거나, 소유한 주택이 있거나 주거 환경이 좋은 노인도 있다. 드물게 건물주도 있었다. 그렇지만 이제는 "가시적인 빈곤이 사라진" 시기다.[5] 단순한 관찰과 입소문으로는 속사정을 알 수가 없다. 상당수 노인들은 밥벌이

---

차원을 달리하는 정부의 의무가 아닌가?" (박송이, "재활용산업 먹이사슬의 끝에서 살아가는 '폐지 줍는 노인'"의 〈경향신문〉 웹페이지에 달린 'h○○○○er****'의 댓글, 2016년 4월 30일)

5    김예림 외, 2014: 236쪽.

로 이 일을 하고 있다. 그리고 그들 대개는 당장의 '현금'이 부족해서 절박한 처지인 경우가 많다.[6]

정작 노인들은 자신의 처지를 어떻게 이해하고 있을까? 상당수의 노인들은 자신을 열등하다고 인식하고 있다. 이들은 누군가의 '도움'에 대해 양가적인 감정을 갖곤 한다. 대략적으로 표현하자면 "고맙네."와 "내가 딱하네." 사이를 오간다. 한 노인은 이런 얘기를 한다. 어떤 주민이 감사함을 가득 담아 "할머니들이 있어서 우리 동네가 깨끗해집니다, 애써주세요."라는 말을 했다고 한다. 노인은 뒤돌아서 자신이 "청소부만치 돈을 받는 것도 아니고."라 하며, "지들이 드럽게 버린 걸 치우는 게 을매나 힘든지는 알고 저럴까." 싶어 답답해했다.

이들을 '청소부'로 바라보는 시선이 불편한 이유는 다

---

**6** 필자도 재활용품 수집 노인이 어느 정도 가난한지는 정확히 알 수 없다. 재활용품 수집 노인 중 가난한 노인을 판별하는 법이란 거주하는 '방의 층수', (판매 이전에) 재활용품을 어디에 어떻게 보관하는지를 관찰하고 지레짐작하는 것뿐이다.

음과 같다. 노인들은 재활용품을 수집하고 있지만, 이들은 '청소부'가 아니다. 버려진 것들을 주워 돈을 벌지만, 그 돈은 쓰레기를 버린 이들이 주는 게 아니다. 노인들의 행위는 같지만, 엄밀하게 말하자면 이들은 청소에 대한 대가를 받는 게 아니라, 재활용 산업에서 발생하는 돈 일부를 스스로 취하고 있을 뿐이다.

## 빈곤의 쓸모

몇몇 사람들의 막연한 연민과 감동이 불편한 이유는 이것이 '사회를 위한 사유'가 아니기 때문이라서다. 대개는 연민을 느끼고 동정하는 자기 자신에 대한 감동인 경우가 많다. 흔히 연민은 기부와 같은 자선사업으로 이어진다. 그렇지만 기부는 세상을 바꿀까? 여기에서 바우만의 이야기가 떠올라 옮겨본다. 바우만은 사람들이 기부나 자선활동을 하게 되는 이유에 대해 "빈곤층을 인도주의적 관심의 대상으로 제시할 경우, 이들이 처한 운명의 잔인함과 냉혹함에 분노하게 되는데 이렇게 분출된 분노는 '안전하게' 자선활동으로 전환"된다고 했다.[7] 가난한 노인의 문제는 연민과 감동, 그리고 기부와 자선사업으로 해결되지 않는다. 정작 필요한 건 '안전한' 자선활동이 아니라, 현실에 대해 인식하고 실질적인 변화를 만드는 일이다.

　더 주목하고 싶은 부분은 바우만이 이야기한 사회에서의 '빈곤의 쓸모'다. "세계의 빈곤층과 한 나라의 빈곤층은 일자리가 있고 정기적으로 소득이 있는 이들의 자신감과 의지를 매일매일 조금씩 좀먹는다. 빈곤층의 처지를 보고 빈곤하지 않은 계층이 체념하게 되는 현상은 이상할 것이 없다. 제대로 생각이 박힌 사람이라면 빈곤층의 처참한 삶을 보면서 여유로운 삶은 보장된 것이 아니고 오늘 성공했다고 내일 실패하지 말라는 보장은 없다는 사실을 끊임없이 상기하는 게 타당하다."[8] 그러나 결과적으로는 불안정하고 불확실한 자신의 상태를 상기하거나, 거기에서 벗어나겠다는 일

---

7　바우만, 2013: 194쪽.

8　바우만, 위의 책: 194쪽.

넘을 가지는 데 급급하게 된다. 그렇다면 결국 "조용히 지나
쳐버리고 덮어"버리는 "잘못"[9]이 그 마지막 아니겠는가. 우
리는 누군가의 가난을 보며 사회 체제의 불안정함과 미비
함을 깨닫는 것처럼 보이지만, 그 깨달음은 사회를 바꾸어
야 한다는 결론이 아니라 스스로의 상대적 안정감을 확신하
고 불안정에 대한 두려움을 상기하는 것으로 이어질 따름이
다. "결국 자본주의 체제 내부에서 빈곤층의 존재란, 끊임없
이 불확실성이라는 그림자 속에서 살아가는, '소비자'의 삶
이 야기하는 혐오스럽고 끔찍한 결과를 상쇄"[10]하는지도 모
른다. 바우만이 이야기한 '빈곤의 쓸모'는 일견 잔혹한 주장
으로 보일 수도 있다. 그렇지만 나 자신에 대해 생각하는 데
머물지 말고 '사회'를 위해 우리가 해야 할 일을 찾아야 한
다는 절박한 마음이 담겨 있는 듯도 하다.

---

9    바우만, 위의 책: 191쪽.

10   바우만, 위의 책: 192쪽.

## 노인이라는 '밋밋한' 규정

이제 다른 이야기를 해볼까 한다. 우리가 '노인'을 밋밋하게 이야기하고 있다는 생각을 해본 적이 있다. 과연 한국사회에서 노인이란 누구를 말할까? 현대사회는 사람들을 나이에 따라 분류한다. 국어사전을[11] 펼쳐 '청년'과 '장년', '중년(중장년)', '노인'을 찾아보자. 사전에서 청년은 "나이가 20대에서 30대 초반에 있는 젊은" 사람을, 장년은 "한창 기운이 왕성하고 활발한 30세부터 40세 안팎의" 사람을, 중년은 "한창 젊은 시기가 지난 40대 안팎"과 "50대"의 사람을, 노인은 "나이가 들어 늙은" 사람을 가리킨다. 즉, 나이로 보면 노인은 60대 이상의 모두를 가리킨다. 이를 두고 영국의 역사학자인 팻 테인은 노인은 모든 연령 카테고리 가운데 가장 다양하다고 지적한다.[12] 노인의 범위는 청년과 장년과 중

---

**11**　고려대한국어대사전 https://dic.daum.net/index.do?dic=kor&q=

**12**　팻 테인 외, 2012: 401쪽.

년을 합친 범위보다도 훨씬 크다. 그래서 노인을 정의하기란 까다롭다. 신체적 활력을 기준으로 할 때에도 '매우 활동적인 사람'과 '심하게 노쇠한 사람'이 모두 별다른 구분 없이 '노인'이라는 카테고리에 포함된다. 계급·계층으로 볼 때에도 상위층과 하위층을 모두 포괄한다. 그런데 노인이 된다는 것은 노인에 해당하는 연금과 사회복지 서비스를 받는 시기와 결정적으로는 노동자로서 은퇴를 하는 시기가 정해지는 일이다. 노인 규정하기의 어려움은 노인 관련 법령에서 '다양한' 노인을 설정하고 있는 데서도 살펴볼 수 있다.

제도적으로 살펴보면, '노인'을 가리키는 나이는 고정적이지도 않다. 〈노인복지법〉과 〈국민기초생활보장법〉과 〈기초노령연금법〉, 〈노인장기요양보험법〉에서는 만 65세 이상의 사람을, 〈국민연금법〉은 60세(특수 직종 근로자는 55세) 이상의 사람을, 〈고령자고용촉진법〉은 55세 이상의 사람을 노인으로 정의한다. 제도에 따라 노인의 나이가 다른 이유는 이것이 재정을 고려해 정부가 제공하는 서비스를 받을 인구 범위를 지정하는 일이기 때문이다. 그렇지만 단순히 '나이'만으로 노인을 규정하며, 정부가 단순히 이에 해당하는 개인에게만 복지 서비스를 제공하겠다는 발상은 낡은 조치로 여겨진다.

특히 '65세' 이상이 노인이라는 통상적인 정의에 대한 의문이 계속해서 제기되고 있다. 이 기준은 19세기 말 독일 제국의 수상인 비스마르크가 사회주의 세력의 봉기를 막기 위해 실시했던 연금보험에 뿌리를 뒀다. 은퇴한 젊은 군인들에게 일자리를 주기 위해 일정한 연령 이상의 국민을 노동시장에서 나가게 했고, 그 기준을 만 65세로 뒀다. 20세기 중반, UN 역시 65세 이상을 노인으로 분류했다. 2020년에 들어선 지금, 서구사회뿐만 아니라 한국에서도 노인의 연령 기준을 수정하자는 의견이 존재한다. 그렇지만 나이를 더욱 더 세세하게 분류하자는 의견과 도리어 이 분류에 의해 특정한 나이에 대한 차별이 발생할 수 있다는 반박이 공존하고 있다. 이들은 사회가 노인에 대한 편견을 버리는 것이 우선이라는 데 동의하며, 보편적인 복지가 우선해야 한다고 말한다.

　　보편적인 복지가 이뤄지기 위해서는 현재의 기초연금
과 같은 서비스도 필요하지만, '노인'이 자신의 사정에 맞게
끔 일할 수 있는 사회적 변화 역시 필요하다. 즉, '은퇴연령'
의 폐지를 고려해야 할 때다. 은퇴연령의 설정은 노인은 '직
위에서 물러나거나 사회활동에서 손을 떼고 한가히 지낸'다
는 한국의 가족주의적인 발상이 만드는 의도치 않았던 차별
이 되고 있다. '어르신 공동작업장' 사례와 '노인일자리사업'
은 노인이 산업 내부에서 '일자리'를 가질 수 없는 현실에 대
한 임시방편에 불과하다. 그렇기에 노인을 산업에서 필요로
하는 부차적이며 고된 노동이나 정부의 임시 취로사업에 동
원할 뿐이다. 궁극적으로 은퇴연령을 폐지하여, 신체적 활력
과 직업적 능력이 있는 노인은 자신의 선택에 따라 경력을
이어나갈 수 있어야 한다. 그리고 가난한 처지에 놓인 노인
들은 일을 하지 않아도 될 수 있게 하는 지원이 필요하다. 혹
여나 '일'을 해야 하는 사정이라면 노인을 사각지대로 내던
지는 '나이 제한'과 같은 구조적인 한계를 제거해야 한다.

　　우리는 노인이란 카테고리로 접근할 때, 각기 다른 여

러 세계를 하나의 밋밋하고 납작한 세계로 이해해버리고 마는 게 아닐까? 현장에서는 '연령' 그리고 '실업/취업', '건강'의 다양한 요소들을 종합적으로 검토하기보다는 '경제력의 정도'와 '부양의무자 유무'를 중심으로만 판단하곤 한다. 국가 역시 다르지 않다. 현장과 학계에서 노인을 상대로 진행한 '설문조사'와 일회성의 인터뷰들을 통해, 그들이 가진 의식주나 감정에 대한 '욕구'를 기반으로 지원책을 마련한다. 물론 중요한 일이지만, 실질적으로 노인 개인 차원에 머무는 답만 내놓고 있다는 한계가 있다.[13] 이 한계에서 벗어나려면, 노인이 자립하는 데 있어 필요한 자원들을 연결하고, 또 노인이 의존할 수 있는 사회적 관계를 지속적으로 생산해야 한다.

---

**13** 현장에서 사회복지 사업을 실제로 실행할 때 행정을 위한 과정을 줄일 필요가 있다. 특히, 형식적으로 제출해야 하는 각종 서류와 부속서류의 양이 너무나 과다한 상황이다. 게다가 재정의 문제로 대부분의 사업이 '단기'로 이뤄지는 것에 대한 수정이 필요하며, 지역에 따라 장·단기의 사업을 맞춰 진행할 수 있게 하는 지원이 필요하다.

6시 34분


영자씨는 계단 아래다 병을 가져다 놓고 방으로 들어왔
다. 청소를 하러 가기 전까지 시간이 남아 가계부를 쓰
려고 했다. 가계부에는 매일매일 번 돈과 매일매일 쓴
돈이 적혀 있다. 이번 달에 쓴 돈을 쓱 훑었다. 휴대전
화비 구천 얼마, 건강보험료 일만 얼마, 가스비 이천
원, 전기료 삼천 원, 이런 공과금을 합치니 이만 원에서
삼만 원 정도였다. 여름은 그래도 나았다. 겨울에는 전
기장판을 켜야 하니 전기요금 몇 천 원이 더 나오기 일
쑤였다. 이 값에 고추장, 간장에 쌀과 야채 같은 식료
품을 구입하는 비용을 더하면 고정적으로 십 몇 만 원
이 나갔다. 한 달에 들어오는 돈이 한 오십만 원 정도라
그럭저럭 살 만한 편이지만, 손주 녀석들이 찾아오거

나 영자씨 자신이나 남편이 아플 때 들어가는 병원비가 적잖아 빠듯하다고 보는 게 맞는 형편이었다. 돈이 가장 많이 드는 건 특히 이가 아플 때였다. 경로당의 어떤 이는 불법으로 영업하는 업소에 가 이를 했다가 난리가 나기도 했다. 영자씨는 언제고 큰돈이 들어갈지 모르는 상황이니 늘 돈을 아껴야 했다.

영자씨는 구청에서 정해준 주차장으로 청소를 하러 왔다. 동네에 차를 댈 곳이 마땅치 않다는 민원이 이어지자 구청이 공터에 지어준 주차장이었다. 주차장을 관리하는 건, 오십 대쯤 되어 보이는 미향씨였다. 영자씨는 미향씨가 출근하기 전인 아홉 시까지 주차장을 치워야했다. 한여름에는 집보다 이곳이 시원해 괜찮지만, 초겨울만 되어도 이 공간은 무척 추웠다. 그렇지만 매주 두세 번씩, 한 달에 열 번을 청소하면 이십칠만 원을 받을 수 있는 일이었다.

영자씨가 구청서 돈을 주는 이 노인일자리 일을 시작한 건, 삼 년 전이었다. 기초생활수급자 신청을 했다가 떨어진 어느 날이었다. 그녀는 동사무소에 가 직원에게 통장을 들이밀며 말했다. "시방 가진 게 없는 거 보이지 않소. 나가 왜 그거가 안 되는지 이해를 몬 하겠네. 자식새끼들도 도와주도 않는디, 서방도 아파 드러누웠어라. 어째 나라도 도와주지를 않으요잉. 자식들이 용돈 주도 몬 할 처지라 않으요. 요 보시오. 돈이 있는가 없는가. 나 좀 찌깬만 도와주요." 동사무소 직원은 그녀에게 말했다. "할머니, 이러셔도 저희가 어쩔 수가 없어요. 부양할 가족들이 계신 걸로 조회가 돼서, 기초생활수급자 신청이 안 돼요. 저희가 어떻게 할 방법이 없어요. 사정이 그러시다고 하니 저희가 근처 사회복지관에 방법이 없는지 문의를 해드릴게요. 또 내년 삼월에 노인일자리라고, 공공근로 자리가 나는데 그때 오셔서 신청하세요. 꼭 댁에 가서 달력에 적어두세요." 영자씨는 답답함에 분통이 났지만, 어쩔 방법이 없었다. 집으로 돌아갔고, 다음 해 삼월이 되자마자 동사무소에 가 노인일자리사업을 신청했다. 그리고 동네를 다니며 잡초를 뽑는 일을 한참 했다.

그녀가 다니는 경로당에도 노인일자리사업이 들어왔다. 경로당에서 한 달에 열 번, 밥을 하고 청소를 하면 이십만 원을 준다는 것이었다. 그렇지만 그 자리로 들어가는 건 싫었다. 분명 열흘이 아니라 매일 일해야 할 것 같았다. 회비를 쓰면서도 마치 자기 일인 양 뻐기고 다니는 회장이 가만두지 않을 게 뻔했다. 그래서 그녀는 다음 해에도 골목 청소하는 일을 했다. 그러다 길에서 만난 옛 동네 친구 애순씨를 만나 소식을 하나 들었다. "해남댁, 거기 노인일자리 근로 신청할 때 무조건 새벽같이 가서 일 등으로 서. 그리고 주차장 관리라고 그걸 신청혀유. 그게 제일 편하니께. 조금만 늦어도 남들이 채가유. 자리도 을매 없어. 아침에 두 시간 딱 일하고 나믄 끝이제. 눈치 주는 사람도 없고, 사람도 을마 없어서 그거시 제일 편하유."

영자씨는 다음으로 신청할 날을 기다렸다. 햇수로 삼 년 차인 올해 일월 이십일 일, 매섭게 추운 그날, 동사무소가 열기도 전인 일곱 시부터 동사무소 앞에 서 있었다. 아직 동사무소 직원들도 출근하지 않았다. 여덟시가 넘자 직원들이 문을 열고 들어갔고, 미리 문을 열어줘 영자씨와 다른 노인들이 건물 안에 줄지어 섰다. 직원이 물었다. "할머니, 왜 이렇게 일찍 오셨어요?" 영자씨는 말했다. "거 주차장 신청할라 왔지라. 남들이 채가면 어쩌요." 직원이 다시 말했다. "추우실 텐데, 저기 따뜻한 물이라도 한 잔 가져다 드세요." 그렇지만 영자씨는 대답도 없이 꿈쩍도 안 했다. 이 자리를 뺏기고 싶지 않다는 마음이었다. 그렇게 그녀는 인기가 많아 신청하기도 힘들다는 주차장 청소 자리를 따냈다. 주차장 청소를 따낸 이후, 영자씨는 무척 신이 났다. 일이 쉬운 건 아니었다. 주차장에 몰래 버린 쓰레기들이 넘쳐났고, 그 쓰레기들엔 뭐가 들어 있을지도 몰라 매번 무서웠다. 어떤 날엔 까만 봉지를 열어보니 잔뜩 썩은 음식물쓰레기가 있었고, 죽은 고양이 사체가 있던 날도 있었다. 홀로 욕을 한 날도 많았다. 그렇지만 스스로 따낸 자리라서 이 자리가 소중했다.

이렇게 주차장 곳곳의 쓰레기를 치우고, 여덟 시 반에서 아홉 시 사이 미향씨가 청소 상태를 확인했다. 영자씨가 퇴근을 하고 경로당으로 가는 길에 전화가 한 통 왔다. 전화를 건 민희씨는 근처 사회복지관에서 일하는 생활관리사였다. "어머니, 이번 주 잘 지내고 계세요? 아침 일은 마치셨구요? 요새 식사는 어떻게 하세요, 도시락 배달은 잘 가고 있지요?" 영자씨는 익숙한 듯 답했다. "잘 있지라. 복지사 선생님은 잘 지내시요? 주차장 일 허고 인자 경로당 가는 길이구먼. 반찬 잘 챙겨주고 함씨롱 밥 걱정이 없소. 근디 요새 도통 오질 않아, 언제쯤 올란가?" 민희씨는 연이어 답했다. "복지관 일이 많네요. 곧 찾아뵈어야지요. 무릎 안 좋으신 건 어때요? 병원은 가끔 가세요?" 영자씨는 웃으며 말했다. "요새 무릎이 튼튼해져부렀는지 병원 갈 일이 없소." 두 여성은 이삼 분 정도 이야기를 나누며 통화를 끝냈다.

## 재활용품 수집 노인의 소득

재활용품 수집 노인들은 한 달 동안 돈을 얼마나 벌까? 한
국노인인력개발원은 〈폐지수집 노인 실태에 관한 기초 연
구〉에서 보건복지부의 〈노인실태조사〉 자료를 기초로 재
활용품 수집 노인들이 한 달에 버는 소득이 57만 원 정도라
추정했다.[1] 일반 노인의 평균 개인소득이 2011년 72만에서
2017년 99만 원으로 증가하는 상황이지만, 재활용품 수집
노인들의 소득은 전혀 나아지지 않은 것이다. 가구소득으로
보더라도, 재활용품 수집 노인의 가구소득이 73만 원에 불
과하다. 2017년 2인 가구의 최저생계비(기준중위소득의 30%)
수준이 84만 원인 것에 비해 적은 것은 마찬가지다. 게다가

---

[1]     변금선 외, 2018.

이 추정치가 평균치에 불과하며, 집단 내에서도 소득이 불균형하다는 점을 고려하면, 실제 상황은 이보다 더 열악할 가능성이 높다.

더 열악한 경우는 기초생활보장 제도에서 소외된 노인들의 생활이다. 북아현동의 어느 여성은 생활관리사를 통해 처음 복지 정책의 지원을 받게 됐다. 그녀는 독거노인이지만, 전셋집에 거주하고, 남편 역시 따로 살고 있었으며, 자녀들의 경제적 상황이 그리 나쁘지 않은 편이었다. 그렇지만 혼자 지내는 그녀의 집과 생활환경은 좋지 않았다. 그녀의 집은 자그마한 단독주택이었는데, 얼핏 보아도 오래됐다는 생각이 들었다. 그녀는 남편 몫까지의 기초연금과 노인일자리사업의 참여비에 재활용품을 팔아 번 돈까지 대충 70~80만 원 내외의 돈을 매달 쥐었다. 그렇지만 그 돈은 따로 사는 아픈 남편과 나눠 써야 했고, 그녀 혼자 쓰는 돈은 20~30만 원 사이였다. 이 돈은 대부분 병원비나 전기료, 가스비, 전화료, 최소한의 식자재 값으로 나갔다. 이런 경우는 적지 않다. 천호동에서 만난 한 여성은 다세대 주택의 1층에 살고 있었다. 그녀 역시 기초연금과 재활용품을 팔아 번 돈 50~60만 원 정도가 한 달의 생활비였고, 여기서 20만 원은 월세였다.

이들은 현재 생계급여를 비롯해 의료급여, 주거급여를 받을 수 있는 대상으로도 보인다. 그렇지만 북아현동의 여성과 천호동의 여성 모두 부양의무자인 자녀가 있어서 생계급여를 받지 못하고 있다. 이 '부양의무자'의 문제는 최근 대통령 선거에서도 가장 큰 이슈였다. 보건복지부는 단계적으로 부양의무제를 폐지하겠다고 밝히고 있다. 하지만 폐지를 준비하는 시간 동안 이 사각지대에 빠진 노인들은 제도 바깥에서 자기구제를 하며 버텨내야 한다.

## 지원을 받기 위한 경쟁

기초생활보장 제도에 있어 또 다른 문제가 있다. 노인들 사이에서의 '정보 격차' 문제다. 매일같이 동사무소와 복지관에 들러 자신이 받을 수 있는 서비스가 무언지 정보를 물어 가는 이들이 있다. 예를 들어, 북아현동 인근에는 두 개의 복지관이 있다. 노인들은 두 개의 복지관을 어떻게 이해할까? 노인들은 한 곳은 도움을 받을 수 있지만 거리가 멀고, 다른 한 곳은 가깝고 무언가를 배우러 가기 좋지만 마땅히 도움받긴 힘들다고 말한다. 가장 큰 문제는 노인들이 복지관에서 무얼 하는지 제대로 알지 못하는 상황이라는 것이다. 노인들 사이에서는 지원을 받는 일 역시 일종의 경쟁이다. 이들은 사회복지관마다 '위탁'받은 사업이 정해져 있고, 서비스를 받을 사람들의 수가 제한적이라는 걸 누구보다 잘 알고 있다. 게다가 적당한 '사업'은 항상 있는 것이 아니기 때문에 다른 이들과 정보를 쉽게 공유하지 않으려 한다. 현재의 '지원' 형태는 노인들을 치사하게 만든다. 시혜적인 서비스 자체는 존속하겠지만, 누군가가 서비스를 받으면 누군가는 떨어져나가게 된다. 번번이 지원에서 밀려나는 일부 노인들은 홀로 두려움과 패배감을 안고 살아야 한다.

## 외로운 노인의 경우

다른 한편에는 가족이나 친한 이웃 외에는 관계를 맺지 않는 노인들의 문제가 있다. 이들을 위한 정책이 전혀 없는 건 아니다. 혼자 사는 노인이라면, 독거노인 생활관리사가 집에 찾아와 생활환경을 조사하고, 노인에게 찾아오는 사람이 없거나 노인이 정서적으로 어려운 경우 노인이 원하는 서비스를 제공하는 체계가 있다. 보건복지부와 지방자치단체는 위탁기관들을 통해 노인돌봄(기본) 서비스를 실시하고 있다.[2] 그렇지만 이런 서비스는 이용자가 직접 신청해야 받을 수 있는데, 노인들은 어떤 서비스를 이용할 수 있는지를 잘 모르는 데다 신청을 받는 곳이 제각각이라 어려움을 겪는다.

---

**2**　　보건복지부가 실시하는 노인돌봄 서비스는 "만 65세 이상의 노인 중 가구소득, 건강상태 등을 고려하여 돌봄 서비스가 필요한" 사람을 복지 서비스의 대상자로 여긴다. 시·군·구의 기초자치단체에서 2개월 단위로 만 65세가 되는 주민등록상의 1인 가구를 일괄 등록하고, 또 동 단위에서 독거노인을 '발굴'한다. 시 단위에서 거점서비스관리자를 채용하고, 구에서 서비스관리자와 생활관리사를 채용한다. 서비스관리자는 고위험군에 해당하는 독거노인을 집중 관리한다. 독거노인 생활관리사의 경우는 1일 5시간 동안 일하며, 대상으로 선정된 노인들을 관리하고 있다. 주로 가정방문과 전화를 통해 주기적으로 안전을 확인하고, 생활교육과 지역 내의 기타 서비스와 연계하는 기능을 하고 있다. (보건복지부 웹사이트)

그래서 현장의 공무원과 사회복지사들은 외톨이 노인들을 발견하는 일을 하며, 이를 두고 '복지사각지대 발굴' 혹은 '위기가구 발굴'이라 부른다. 이들이 '발굴'하는 방법은 사회복지직 공무원이 건강보험료를 적게 내는 가구를 선별하거나, 통신사로부터 전화 기록이 없는 노인의 정보를 전달받거나, 혹은 사회복지직 공무원, 사회복지사, 또는 위임받은 주민들이 일일이 찾아가 확인하는 방식이 있다. 그렇지만 현실적으로 그 한계가 명확하다. 잘 알려진 대로 현장의 사회복지직 공무원과 사회복지사 모두 담당하는 업무가 과다하며, 주민의 수는 훨씬 많다. 그래서 특정한 시기에만 발굴 업무를 처리하거나 목표한 '숫자'를 채우는 데만 급급한 상황이다.[3]

---

**3**   이 상황은 '마을'을 도시의 '행정'이 대체할 수 있는지에 대한 문제이기도 하다. 마을과 공동체가 사라진 도시에서 '행정'이 마을공동체를 대체할 수 없다는 비관적인 생각이 들기도 한다. '행정'이 충분한 '인력'과 '업무 배분'이 가능한 수준이 되려면 어느 정도의 재정이 필요한 걸까?

## 취로사업에서 일자리사업으로

이런 상황에서 경제적인 도움이 필요한 노인들을 바깥으로 유인하는 방책 역시 취하고 있다. 과거 '취로사업'이라 불렸고, 현재는 '노인일자리사업'이라 불리는 일이다. 이 방식에는 여러 이견이 있다. 정부가 노동의 기회를 제공해 그에 상응하는 보상금을 받아가는 일이니 노인의 '취업률'을 높일 수 있다는 주장이 있고, 한편으로 국가가 제대로 된 노동 조건을 갖추지 않고 노동력을 동원하며, 동시에 취업률이라는 수치를 높이는 데만 집중하는 포퓰리즘적인 사업이라는 비판도 존재한다.

취로사업은 이승만이 대통령이던 시절부터 있었다. 한 공무원은 전두환 정권기의 가장 뜨겁게 감동했던 장면을 묻는 질문에, 올림픽을 앞둔 무렵의 한강개발사업을 떠올렸다. 한강변에 공원을 만들기 위해 해당 구청이 가난한 사람들을 임시로 고용해 청소를 하고 잔디를 심던 중, 마침 현장에 방문했던 전두환이 그들을 치하했다는 이야기였다. 이때 정부는 가난한 처지의 사람들을 구제하겠다는 명목으로 국가가

계획한 개발 사업에 빈민을 동원해 싼 값으로 고용하면서 사업비를 줄인 건 아닐까? 이런 모습은 지금도 크게 달라지진 않았다. 여전히 평일 아침이면 노인들이 길에 나와 잡초를 뽑고, 또 곳곳을 청소하고 있다. 노인들이 일하는 모습을 살펴보면, 주민센터에서 안전조끼와 같은 형식적인 안전용구를 제공하긴 했지만, 달리는 차량이라는 위험에 그대로 노출되어 있거나, 뙤약볕 아래서 마땅히 해를 가릴 것도 없이 일하는 모습을 볼 수 있다. 만약 정부에서 이 사업들을 마땅한 '일자리'라 여긴다면, (노동자의 자격 조건을 논하기 전에) 노동자를 보호하기 위한 방법을 갖춰야 하는 건 아닐까?

재활용품을 수집하는 노인들은 (정부의 지원을 최소한으로 받으며 혹은 받지 않으며) 스스로 살아나갈 길을 찾고 있다고, 자립하고 있다고 말할 수도 있을까? 노인들이 취로사업과 노인일자리사업과 재활용품 수집 일을 하고 있으니 '자립' 했다며 이제 걱정하지 않아도 될 상태라고 말할 사람은 아무도 없을 것이다. 이 일은 노인들 대부분의 신체적 능력을 넘어서는 일이며, 노인들은 어떤 상황이 발생하더라도 보호받을 방법이 없다. 게다가 이 일은 경쟁을 기반으로 작동하며, 노인들의 노력이 아니라 산업의 이윤에 따라 노인이 버는 돈의 액수가 바뀐다. 이런 상태를 '자립'이라 말할 수 있을까? 게다가 재활용품 수집 노인 중 상당수는 가난으로 고립되어 있다. 여기에는 국가와 이웃들이 접근하지도 못하고 있다. 이런 상황서 우리가 해야 할 일은 노인들과 지역사회가 상호의존하는 계기들을 지속적으로 만들어내는 일이다. 근근이 벌어 생계를 유지하는 자립보다, 함께 모여 서로에게 의존하는 자립이 필요하다.[4]

---

**4** 조문영(2019)은 '자립'이라는 말에 오해와 모순이 있다고 말한다. 그에 의하면 자립이란 "보수, 진보를 막론하고 (임금) 노동을 신화화한 한국 사회에서 정부가 여전히 지원의 명분으로 삼는 정당성의 언어이자, 개인들에게 자발적 책무를 부과하는 통치 전략이며, 가난한 사람들이 삶의 주인이 되는 세상을 바라는 활동가들의 바람의 언어"로 아주 복잡한 프레임이 됐다. 어떤 주체가 말하는 자립이건, 경제적인 면에 치중한 나머지, 사회와 마을, 이웃에 의존하는 것을 죄악시하는 결과를 낳아버렸다. 우리는 이 '자립'을 탈구축해 새로운 모델을 만들어야 한다. 무엇보다 이 '자립'이란 개인의 독존이 아닌 상호의존을 기초로 해야 한다. (조문영 외, 2019: 12~13쪽)

## 노인의 쓸모?

무엇보다 먼저 선행해야 하는 것이 있다. 사회에서 노인의 쓸모를 찾는 일이다. 무엇보다 이들은 하고 싶은 일을, 원할 때 할 수 있어야 한다. 2017년 국가인권위원회는 '노인인권 실태조사'에서 현재 노인이 겪는 문제를 밝히고 있다. 노인 의 절반 이상이 나이 제한으로 인해 취업이 어렵고, 경험과 능력을 발휘할 수 있는 일을 맡지 못하는 경우가 많다. 게다 가 새로운 일자리를 갖기 위한 교육훈련을 받지 못했다.[5] 한 국사회는 노인이 되어서도 일하기를 요구하고 있다. 일하는 즐거움이나 자아실현을 위해서가 아니라 생계비를 마련하 기 위해서다. 그래서 노인의 취업률은 여전히 문제지만, 사 회는 '취로사업'보다 나은 일자리를 마련하지 못하고 있다. 그러면서도 충분한 복지 혜택은 없고, 노후의 생계를 개인 의 책임으로만 맡겨둔다. 지금 상황에서 노인들이 취업하지 않고도 살아갈 수 있는 시대란 낭만적인 생각일 뿐이다. 현

---

**5**　국가인권위원회, 2018 참조.

재 65세와 79세 사이 인구의 고용률은 40.4%다.[6] 은퇴 후에 도 절반에 가까운 인구가 일하고 있다는 뜻이다.

## 여러 가지 시도들

노인일자리사업은 재활용품 수집 노인에게 다른 '일자리'를 마련해주는 주요한 방법이다. 도봉구에 위치한 도봉시니어 클럽은 노인일자리사업(시장형)을 통해 '손수레 어르신'이란 사업을 진행한다. 주 3일, 하루에 2.5~3시간, 월 36시간을 활동하는 노인에게 월 평균 42.2만 원을 지급한다. 그러나 '노인일자리사업'이라는 한계로 인하여, 생계급여와 의료급 여(2종은 허용) 수급자는 제외된다.

지자체가 노인시설을 작업장으로 만들어 노인일자리사 업을 유치하는 경우도 있다. 서울 성북구는 자치단체와 사 업수행기관, 지역기업과 연계하여 경로당에 '어르신 공동작 업장'을 만들었다. 여기에 참여한 노인들은 9개월에 210만

---

**6** 〈2020년 5월 경제활동인구조사 고령층 부가조사 결과〉.

원(총 30시간 이상 근무)을 받는다. 그러나 이는 제조판매형 사업[7]에 국한되며, 경로당 공간에서 그곳 회원 중심으로 꾸려지기에 외부 인원이 진입하기 어렵다는 한계가 있다. 또 경로당 내부에서도 '사업 참여자'와 '미참여자' 간에 구별이나 갈등이 생길 우려가 있다.[8]

노인들에게 다른 일자리를 갖게 할 수 있을까? 2012년, 당시 국회의원 은수미는 〈재활용 협동조합과 녹색일자리 모색〉이라는 정책자료집을 제출했다. 여기서 재활용품 수집 노인을 모아 '재활용 협동조합'을 구성해 일자리를 제공하자고 제안했다. 결과적으로 이 제안은 정책적으로 현실화되진 않았다. 그나마 이 형태와 비슷한 최근의 실험 중 하나는 '실버자원협동조합'이다. 2014년, 인천 계양구의 해인교회는 2014년 30명의 노인을 회원으로 '실버자원협동조합'

---

[7]  "식품제조 및 판매사업, 공산품제작 및 판매사업, 매장운영사업, 아파트택배사업, 지하철택배사업, 세차 및 세탁사업, 기타 제조 및 판매사업" (성북구 어르신복지과, 2018)

[8]  성북구 어르신복지과, 2018.

을 구성하고 점심식사와 휴게 공간을 제공했다. 게다가 재활용품을 고물상에 판매하며 겪는 이동과 흥정의 문제를 해결하기 위해, 조합이 노인들을 대신해 수집한 폐자원을 판매하고, 수집량에 따라 판매액을 나눠 통장으로 입금해줬다.[9] 이 조합은 지역사회에서 재활용품 수집 노인들을 보호하는 안전망으로서 훌륭한 의미를 지닌다. 게다가 조합을 실질적으로 돕는 사단법인 인천내일을여는집의 여러 사업과 연계할 수 있는 가능성 역시 열려 있다. 그렇지만 현 시점에서 노인들이 기존의 재활용품 수집 일이 아니라 새로운 일자리로 전환하게끔 하는 역할은 하지 못한 것으로 보인다. 이러한 이유는 비단 '조합'의 책임만은 아니다. 이봉화는 〈경향신문〉과의 인터뷰에서 노인들이 새 일자리를 가지기 위해 협동조합에 참여할 가능성이 낮은 이유를 이렇게 설명한다. "폐지 수거 노인분들을 조사하면서 할머니들

---

**9**    권은주, "실버자원협동조합, 폐휴지 수거 노인의 삶의 질 높이다.", 〈가스펠투데이〉, 2018년 6월 21일.

과 함께 협동조합 방식으로 고물상을 해보려고 했다. 하지만 극빈층, 저소득층 할머니들에게는 그럴 만한 여유가 없다. 당장 정기적으로 보조금이 얼마가 늘어나느냐가 가장 중요하고 필요한 것이다."[10] 노인들이 새로운 일자리를 갖기 위해서는 훈련을 위한 시간이 필요한데, 별다른 소득이 없는 상태에서 이 시간을 견딜 수 있을까? 당장 실버자원협동조합 같은 단체가 그/녀들이 이 시간을 견디게끔 돕는 시도를 하기는 어려운 실정이다. 무엇보다 정부의 지원금 여부로 존폐가 갈리는 지역사회 조직의 특성상, 이런 실험을 하기가 쉽지 않다. 노인들이 새로운 일자리를 가질 수 있도록 돕는 조직은, 그 조직의 지속 가능성과 조직에서 생산한 상품이나 서비스가 시장의 경쟁에서 살아남을 수 있느냐 여부가 중요하다. 노인의 적응 문제도 중요하므로 이런 시도가 가능하려면 한 단체만이 아니라 정부와 사회 전체가 관심을

---

**10** 박송이, "재활용산업 먹이사슬의 끝에서 살아가는 '폐지 줍는 노인'," 〈경향신문〉, 2016년 4월 30일.

가져야 한다.

노인들의 소득을 안정화하려는 시도로, 인액터스 서울대학교의 끌림 프로젝트[11]는 사업을 통해 얻은 수익 중 일부를 재활용품 수집 노인에게 지불하는 방식을 택하고 있다. 2017년, 인액터스 서울대학교는 ㈜액터스컴퍼니를 설립해 '리어카 광고 플랫폼'을 만들었다. 이들은 광고물을 부착 가능한 가벼운 '리어카'를 제작하고, 광고를 수주 받는다. 이후 지역 내 고물상을 통해 노인들에게 광고판이 붙은 리어카를 제공하고, 광고주로부터 받은 비용의 70%를[12] 노인에게 지급한다.[13] 이들의 활동은 노인들의 소득을 보장할 수 있다는

---

**11**　인액터스 서울대학교(ENACTUS SNU)는 인액터스 코리아의 대학 지부로서, 대학생들이 소셜벤처를 기획하고 운영하는 활동을 하고 있다. 끌림 프로젝트는 인액터스 서울대학교 학생들이 주도한 사업이며, 현재는 별도의 회사로 독립했다.

**12**　지역 상인들의 광고를 받기 때문에 광고비가 저렴한 편이다. 보통 노인들은 7만 원 내외의 비용을 매달 받게 된다.

**13**　나머지 30%는 끌림의 사업비와 고물상에 제공하는 리어카 관리 비용이다.

이점 덕분에 제천시와 광주광역시, 부산광역시 등 다른 도시로 확대되고 있고, 기업의 후원도 이어지고 있다. '끌림'은 부족한 인력에도 리어카를 수리하고, 더 많은 고물상을 통해 더 많은 노인들이 광고판이 붙은 리어카를 이용할 수 있게 노력하고 있다. 이들의 시도는 지역의 자원을 모아 노인들에게 분배한다는 점에서 새로운 실험이다. 게다가 끌림은 이전까지 재활용품 수집 노인들에 대한 문제에서 배제되어 있던 고물상을 협력 주체로 삼았다는 점이 흥미롭다.

인천광역시 부평의 사회적 기업 러블리페이퍼는 지역 재활용품 수집 노인으로부터 상자를 (시세에 관계없이) 1kg당 1,000원에 매입하고 있다. 이후 그 상자를 미술용 캔버스로 제작하고 그 위에 캘리그래피 작업을 하여 개당 2~3만 원에 판매하고 있다. 상자의 매입가를 높게 안정적으로 유지한 사례다. 그렇지만 이런 경우 가공품의 판매가 원활히 이뤄지지 않거나, 사회적기업에 대한 지원과 기부가 중단될 경우 시도 자체가 어려워질 가능성이 있다. 그럼에도 상자를 공급할 재활용품 수집 노인을 멤버십화하고 있다는 점에서 주목할 만하다. 사업 초기 무리해서 노인을 직접 고용하기보다는 이용자로 만들었고, 노인 고용을 점차 늘려가고 있기도 하다. 이들이 이런 방식을 택한 이유는, 노인을 생산자 회원으로 삼았던 협동조합의 실험이 실패한 것, 노인들이 고용되어 하루 종일 일할 능력이 없다는 점, 자유로이 활동하고 싶어 한다는 점 등을 고려한 것이다.

서울환경연합이 운영하는 '플라스틱 방앗간'은 이처럼 자원순환 정책·재활용 산업과 노인의 생계와 일자리를 고루 살피고 재활용정거장의 제한적인 효과를 넘어서는 문제에서 단초를 제공한다.[14] 플라스틱 방앗간에서는 '참새 클럽'이라 불리는 회원들이 두 달에 한 번 보내 온 플라스틱을 재활용해 업사이클링 제품을 생산한다. 이렇게 지역을 기반으로 하는 업사이클링 거점을 통해 폐플라스틱의 수거율을 높이는 방식은 재활용품 수집 노인의 대책에 시사점을 준다. 지역에 거점을 마련해 수집인이자 이용자로 노인과 관

---

**14**　플라스틱방앗간 https://ppseoul.com/mill

계를 맺는 건 어떨까? 지역의 업사이클링 거점이 노인들에게 일정한 거래처가 되며, 거점에서 노인들에게 노동량을 적정 수준으로 제한할 수 있을 것이다. 더 나아가 재활용품 가격 산정에 있어, 지역사회가 업사이클링을 하며 그 가치에 따라 새로운 매입가격을 매길 필요 역시 존재한다. 게다가 노인들의 고용 형태 역시 전일제 고용과 같은 형태보다 느슨한 형태의 노동으로 변화시킬 필요가 있다.

10시 30분

영자씨는 경로당에 도착했다. 주방에서는 형임씨가 밥
을 준비하고 있었다. 희한하게도 경로당 안의 사람들
은 형임씨에게 말을 걸지 않았다. 마치 경로당에 있지
만 있어서는 안 될 사람으로 대하는 것 같았다. 형임씨
에게 무어라 말하는 건, 경로당의 회장과 부회장, 이 둘
뿐이었다. 그렇지만 그 내용은 명령에 가까웠다. 밥상
을 놓아야 할 때지 않느냐거나 반찬을 짜게 하지 말라
같은 것이었다. 형임씨는 아무 말도 하지 않고 밥을 차
렸다. 더 묘한 건 다음이었다. 식사 시간인 열한 시 반
이 됐고, 경로당의 사람들이 모두 밥상에 앉았다. 그렇
지만 형임씨는 그 자리에 함께 앉지 않았다. 모두가 밥
을 다 먹고 난 다음에야 형임씨는 구석에 앉아 밥과 반

찬을 비벼 먹었다. 서둘러 밥을 다 먹자마자 설거지를
시작했다.

형임씨는 영자씨와 마찬가지로 노인일자리사업에 참여
중이었고, 영자씨가 주차장에서 청소를 하는 것처럼 형
임씨는 경로당에서 식사를 차리는 일을 했다. 문제는
형임씨가 경로당의 내부 사람이 아니었다는 데 있다.
경로당의 회장과 부회장이 가까이 살았던 형임씨를 노
인일자리의 빈자리에 추천해서 일을 하게 됐다. 여기서
일이 복잡해졌다. 다른 회원들에게는 형임씨가 자신들
이 할 수도 있었던 노인일자리사업 일을 빼앗은 셈이었
다. 회장과 부회장이 번갈아가며 형임씨의 사정을 설득
했고, 본래 한 달에 열 번만 일해야 하지만 형임씨가 매
일 일을 해주기로 했다고 구슬렸다. 그렇지만 회원들은
그 말을 믿지 않고, 그들 사이에 모종의 거래가 있는 건
아닌지 의심을 할 뿐이었다. 여기서 몸을 쓰기 힘든 사
람이 아니고서야 돈벌이가 궁하지 않은 사람은 없었기
때문이다. 그래서 경로당의 회원들은 점심시간에 와서

밥을 차리고 뒷정리를 하는 형임씨에게 아는 체를 하지 않았다. 영자씨는 형임씨의 처지가 안쓰러웠다. 그렇지만 친한 척을 했다가는 다른 회원들과 등을 돌리게 될 것 같아, 그 마음을 표시하지 못했다. 가끔 커피믹스 하나를 형임씨의 주머니에 꽂아주고, 조용히 전기포트에 물을 올리는 정도였다.

점심시간이 끝난 경로당은 조용했다. 영자씨는 방에 앉아 있던 노인 몇에게 나가자 재촉했다. "한 바쿠만 돌고 옵시다. 시간 없으요. 운동해야 안 하요. 언능 나가장께." 앉아 있던 여성 중 둘이 자리에서 일어났다. 세 여자 중 영자씨를 제외한 둘은 경로당 앞에 놓인 유모차와 꼭 닮은 보행기를 끌기 시작했다. 기묘한 모습이었다. 영자씨를 필두로, 다른 여성 둘이 뒤를 따랐다. 셋은 모두 각기 역할이 있었다. 영자씨는 걷는 데 문제가 없었고, 기련씨는 허리는 구부러져 종종걸음으로 걷느라 속도가 느렸지만 눈이 좋았다. 연자씨는 다리를 절뚝였지만 힘이 좋았다.

기련씨가 저 앞을 가리키며 말했다. "해남댁, 저 저 안 보이유." 그 앞 식당의 직원 하나가 골목에다 상자를 버리는 중이었다. 영자씨가 뛰듯이 걸어가 상자를 가져와 연자씨의 보행기에 실었다. 연자씨의 보행기에 더 놓을 자리가 없자, 기련씨의 보행기에 상자를 올렸다. 그렇지만 기련씨가 힘들어하자, 영자씨가 경로당으로 돌아가자 말했다. 세 여자는 경로당에 도착하자마자, 주워 온 상자를 들고 안으로 가져갔다. 영자씨와 연자씨가 함께 상자를 들었고, 기련씨가 앞장섰다. 기련씨는 경로당 입구 옆에 있는 가림막을 치웠다. 그 자리에는 상자가 한참 쌓여 있었다. 영자씨와 연자씨는 들고 온 상자를 그 위에 올려놓았다. 세 여자는 경로당 한가운데에 앉아 쉬기 시작했다.

영자씨 일행이 상자를 주워 온 데는 이유가 있었다. 경로당 회원들은 월요일부터 금요일까지 점심식사를 먹을 수 있다. 쌀과 고추장, 간장처럼 꼭 필요한 재료는 동사무소에서 시기에 따라 조달해줬다. 그 양이 늘 넉

넉지는 않았다. 이 경로당은 회원이 팔십 명 가까이 되는 곳이라 그래도 이십 킬로그램짜리 쌀 두 포대 정도가 매달 나왔지만, 이 사십 킬로그램으로는 한 달도 날 수 없었다. 이때에는 인근의 복지관이나 교회나 절에서 보낸 쌀을 더해 사용했다. 문제는 반찬이었다. 영자씨가 기련씨와 연자씨를 꼬셔 상자를 주우러 온 건 반찬 값을 벌기 위해서였다. 경로당 회원들이 매달 삼천 원 정도의 회비를 냈지만, 여든 명 전체가 내지는 않기에 그 돈이 얼마 되지 않았다. 회비를 다 모아 봤자 한 달에 십이만 원에서 십오만 원 사이였다. 하루에 몇 천 원으로 적어도 이삼십 명이 먹을 반찬을 준비하기란 쉽지 않았다. 그래서 영자씨가 나서 방법을 마련했다. 우선 영자씨와 연자씨와 기련씨처럼 몇 사람이 돌아가며 상자를 주워다 모아 팔기로 했다. 상자를 주워다 판 돈은 꼭 필요한 식자재를 조달하는 데 썼다. 고춧가루, 참기름, 소금, 설탕 같은 것들이다.

그렇지만 이걸로만 연명할 수는 없었다. 생선이나 육

고기를 먹기도 해야 했다. 누구의 아이디어인지는 모르지만, 화투판을 벌려 그 판의 승자가 특식비를 냈다. 그렇다고 해서 노름을 한 건 아니었다. 돈벌이가 넉넉한 이들은 자신의 돈으로 참가하기도 했지만, 이런 경우는 드물었다. 종잣돈은 바로 경로당 구석에 놓인 목캔디 통에 가득 들어찬 공용 동전이었다. 회원들이 잔돈을 털어 함께 모은 것이었다. 화투판이 벌어지면, 사람들은 이 동전 통에서 얼마씩을 동일하게 나눠 가졌다. 그러고는 각자가 최선을 다해 화투판에 임했고, 그렇게 몇 차례 승패를 가려 확실한 승자가 나올 때 화투가 끝났다. 그러면 돈을 딴 사람이 총무에게 돈을 주며, 닭 몇 마리를 사다 고아 먹자고 말했다. 화투판의 여론에 따라 고등어인 날도, 돼지고기인 날도 있었다. 화투판의 승자가 골든벨을 울렸지만, 알고 보면 그 돈은 모두의 주머니에서 나온 셈이었다.

## 노인의 가족은 집에 있지 않다

노인들은 더 이상 가족과 같이 살지 않는다. 65세 이상인 고령자 가운데 부부만이 사는 이들은 2000년부터 지금까지 노인 인구 전체의 33%에 달하며, 1인 가구는 2000년 31%였고 2020년에는 34.2%에 달한다. 자녀와 살지 않고 혼자 살거나 부부만 사는 노인이 70%에 가깝다.[1] 노인들의 사회적 활동은 다양하게 이뤄진다. 사업장을 꾸리거나 임의의 아지트를 만들기도 하고, 사회복지관, 경로당과 같은 복지 시설에서 여가를 보내기도 한다. 보건복지부의 조사에 따르면 전국에 79,382개의 노인복지 시설이 있다. 이 중 가장 많은 시설은 경로당으로 2019년을 기준으로 총 66,737개가

---

1    〈2020 고령자통계〉.

있다. 전국의 읍·면·동 수가 3,500개(2017년 기준)니 한 개의 읍·면·동마다 경로당이 19개 정도 있는 셈이다. 서울의 경우 경로당은 총 3,466개로, 동마다 8개 정도가 있다.[2]

대부분의 경로당은 그 회원 수에 비해 자원이 부족한 상황에 처해 있다. 상시적으로 30명에 가까운 인원들이 일주일에 4~5일가량 경로당에서 식사를 한다. 물론 중앙정부와 지방자치단체에서 운영비·전기세·난방비 등을 지원하지만, 많은 측면에서 부족한 것이 사실이다. 부족한 자원 탓에 노인들은 다시금 경로당 바깥으로 나가야 한다. 그중에서 식사를 위한 지원이 필요하다. 경로당 운영에 직접적으로 관여하고 있는 임원들의 공통적인 의견은 식사와 관련한 자원을 조달하기가 어렵다는 것이다. 이들은 '거한 한 끼니' 보다 쌀과 김치의 부족을 토로했다. 경로당의 임원과 회원들은 자구, 즉 스스로 바깥의 원조를 구해 와야 하는 각자도

---

**2** 북아현동 역시 8곳으로 ㄴㅇ경로당, ㅂㅇㅇ경로당과 새로 생긴 아파트 단지에 있는 경로당 6곳이 있다.

생의 처지에 있다. 재활용품을 줍는 노인 한 명이든, 다양한 처지의 노인이 모인 경로당이든 모두 빈곤함을 스스로 증명하거나 알아서 살아가야 하는 것이다. 경로당에 대한 재정적 지원이 현실적으로 당장 어렵다면, 쌀과 김치와 같이 필수적인 식품을 지원하며, 경로당 임원들과 지역사회, 종교단체, 사회복지 시설이 함께 의논할 수 있는 기회를 만들어가는 행정적 준비가 필요하다.

## 결국, 그들도 재활용품을 줍는다

이런 상황에서 재활용품 수집 일은 경로당이라는 공동체가 처한 어려움을 타개하는 방안이기도 하다. 천호동의 한 경로당에서 모아놓은 폐지와 신발, 옷가지 등을 폐지 수집을 전문적으로 하는 업자에게 넘기는 모습을 본 적이 있다. 업자가 도착하자 경로당 사람들은 경로당 문 앞에 쌓아놓은 상자를 꺼냈다. 여기에는 날짜가 지난 신문지 같은 폐지들이 담겨 있었고, 그 무게는 100kg이 넘었다. 경로당 회원들이 매일 저녁, 주민센터에서 나온 폐지들을 모아 수집해둔 것이다. 그리고 나자 다른 한 명이 여자경로당 비품을 보관해놓는 자그마한 창고에서 신발 한 뭉텅이와 옷가지들을 들고 나왔다. 업자는 무게를 재면서 물품들을 정리한다. 폐지와 의류와 신발들을 트럭에 싣고 난 업자는 모두가 보는 자리에서 바로 물건 값을 치렀다. 이렇게 모은 돈과 회원들의 돈은 경로당에서 먹을 믹스커피 값이 됐다. 경로당 운영에 보태고자 폐지 수집을 하는 사례가 매우 특별한 경우는 아니다. 북아현동의 한 경로당의 임원인 남성은 인근 지역에서 폐지를 수집하여 경로당에 모아뒀다가 차로 폐지를 팔아 그 수익을 경로당에 쓰기도 했다. 이처럼 부족한 경로당 운영비를 충당하고자 임원이 나서 혼자 폐지를 수집하다가, 점차 회원들이 참여하는 경우도 있었다.[3]

## 노인의 플랫폼으로 기능하는 경로당

경로당은 역동적이며, 활기차다. 경로가 어찌되건 간에, 경

---

3    이근홍·이화영, 2011: 178쪽.

로당은 노인들이 필요로 하는 많은 자원들이 모이고 쓰이는 공간이다. 그래서 지역사회나 지역조직의 노인에 관련된 제도와 행정 같은 정보가 들고난다. 또한 경로당은 단순한 여가의 공간이 아니라 임원을 구성하는 등의 위계적 특성을 가진다. 노인들은 행정과 문서에 취약하기에, 행정 처리가 가능한 노인이 임원이 되곤 한다. 무엇보다도 경로당은 일자리 정보나 활동 프로그램, 먹을거리 등이 한데 모여 있는 노인들의 플랫폼(platform)이다. 하지만 행정 처리가 가능한 임원이 있다 해도, 지원 제도에 대한 정보가 부족하거나 이해 자체가 어려운 경우가 많다. 이 때문에 서울시에서는 2014년 〈어르신 정보 꾸러미〉를 발간한 바 있다. 하지만 노인들 가운데 이 자료집을 직접 읽은 경우는 무척 드물고, 자료집을 읽을 무렵엔 과거의 정보가 되기 일쑤다. 정작 노인들이 정보를 얻는 가장 강력한 경로는 '입소문'이다. 그러다 보니 잘못된 정보도 퍼지기 마련이다. 그/녀들이 자신들을 지원하는 제도나 정책을 이용하지 못하는 경우를 만들지 않으려면 정리된 정보를 효과적으로 전달하는 일이 중요하다.

주민센터의 게시판, 혹은 인터넷 게시판에서 확인하라는 주문은 노인의 생활과 상황을 무시하고 행정의 편의를 먼저 생각한 게 아닐까?

노인들 사이에서 소문은 무척 빨리 퍼진다. 가령 어느 교회에 무슨 요일에 가면 쌀을 준다거나, 어디 가면 공짜 점심을 먹을 수 있다는 소문은 아주 기민하게 포착되고 적극적으로 이용된다. 경로당은 이런 소문 퍼트리기에 적절한 공간이기에 경로당에는 복지관과 주민센터와 지역의 여러 자원을 잇는 '소문을 전하는 사람'이 필요하다. 정기적으로 노인들에게 정보를 제공하고, 잘못된 정보를 수정할 수 있는 소식통이 필요하다는 것이다.

## 경로당의 여가 활동

노인들이 경로당에서 화투를 치는 일은 심각한 사회문제로 비화된 수준은 아니지만, 경로당의 고질적 문제점으로 지적받아왔다. 서대문구의회에서도 경로당의 문제점 중 하나로 거론되는 화투를 대신할 방안에 대한 논의가 구의원과 공무원들 사이에서 이루어진 적이 있다.[4] 그렇지만 경로당 내에서 화투란 사적 관계를 공고히 하는 역할을 하기도 한다. 게다가 화투 치기에서 생긴 자원으로 다시 경로당 회원들에게 필요한 물품을 사서 공유하기도 한다. 이처럼 경로당 화투는 단순히 놀이로서만 기능하는 것은 아니다.

노인들이 지속해온 공간에 변화는 물론 필요하다. 물론 노인들이 실제로 '도박'을 한 경우도 있다. 2008년, 제천의 한 경로당에서 노인들이 도박 혐의로 경찰에 입건된 일이 있었다. 도박 전과가 있던 50대가 참여해 판돈을 올려 '도박장'으로 전용했고, 여기에 경로당 회장이 연루된 사건이었다.[5] 도박의 문제에는 적법하게 대응해야 한다. 그렇지만, 많은 경우 화투는 노인들의 '여가' 활동이며, 경로당 내부에

---

4    서대문구의회에서 경로당 화투에 관한 논의는 몇 차례 있었는데 가장 눈에 띄는 회의는 2016년 2월 1일(월)에 열린 제221회 서대문구의회(임시회) 행정복지위원회 회의로 당시 새누리당 소속의 이경선 의원은 경로당에서 화투를 대신할 새로운 프로그램이 필요하다고 역설하였다.

5    정봉길, "도박장 된 경로당", 〈충청타임즈〉, 2008년 5월 20일.

서 자원을 공유하는 행위라면 더더욱 그 판단이 달라져야
한다.[6]

## 경로당을 중심으로 한 시도들

경로당을 일자리로 변환하는 작업을 실시하는 지방자치단
체들이 있다. 노인들의 '정겨운 공간'은 더 좋아지는 것일
까? 한편으로는 형식적인 시도에 불과하다는 우려도 든다.
최근 서울에서는 경로당을 작업장으로 변환하고 있다. 성
북구에서 처음 경로당을 공동작업장으로 바꾸어, 노인들에
게 쇼핑백 제조, 상품 포장 및 배달, 취약가구 무료 세탁, 먹
거리 제조 및 포장 등의 일을 제공하고 있다.[7] 성북구청이

---

**6** 강동구의 한 경로당에서는 점심시간이 끝나면, 노인들이 하나둘
초록색 담요를 챙겨와 화투판을 깔았다. 그렇지만 딱 한 시간뿐이었다. 도박
이 이뤄진다면 엄벌해야 마땅할 것이다. 그렇지만 여가의 범주에 속하는 정도
라면, 그 순기능도 인정해야 할 필요가 있다.

**7** 성북구 복지문화국, 2016, "어르신 일자리 공동작업장 추진계획";
엄수아, "성북구 어르신들, 경로당서 돈도 번다", 〈여성신문〉, 2018년 1월 16
일; 성북마을, "어르신들의 행복한 일터가 성북구에 있다", 성북마을(https://

2013년부터 현재까지 시도한 실험이다. 기존의 경로당이 "모여 화투 치고 술을 마신다"는 민원의 대상이었다면, 경로당은 이 사업을 통해 "노인들이 일자리를 얻고, 부가가치를 창출하는 공간으로 진화"했다는 평가가 있다.[8] 그리고 이 사업은 순식간에 전국의 지방자치단체에 도입됐다. 이 변화가 마냥 긍정적일까?

동료들과 성북구의 작업장으로 변한 경로당에서 머문 적이 있다. 경로당은 할머니들만 이용하는 곳이고, 거실 하나와 두 개의 큰 방이 있었다. 음식을 할 수 있는 시설이 거실 한쪽에 있었고, 냉장고가 두 대, 김치냉장고가 한 대 있었다. 한편에는 여기저기서 주워 온 수납장 세 개와 텔레비전, 전자레인지가 있었다. 방 하나에는 음악 프로그램에서 이용하는 커다란 북 몇 개가 있었고, 안마의자 하나와 실내

sbnet.or.kr/46654/), 2020년 8월 31일.

**8** 서준석, "차 부품까지 만들어 납품… 쉼터 아닌 일터가 된 경로당", 〈중앙일보〉, 2016년 8월 19일.

용 자전거 몇 대 등이 있었다. 남은 방 하나는 일종의 작업을 하는 곳이었다. 작업방의 한가운데에는 거대한 책상이 있었다. 이 책상은 노인들의 좌식 생활을 위해 다리를 반쯤 잘라뒀고 좌식 의자가 여섯 개 있었다. 한쪽 벽면에는 소파가 있었고, 다른 벽면에는 상자가 30여 개 있었다. 우리는 작업방에서 노인들의 작업을 따라 했는데, 그녀들에게 한 달의 과업량을 물었다. 그녀들은 상자를 가리키며, 보름 동안 저 상자만큼 일을 한다 말했다. 스무 개의 상자에는 업체명과 600이란 숫자와 경로당의 이름이 적혀 있었다. 그녀들은 보름간 12,000개 정도의 사은품을 포장했다.

노인들이 일하는 풍경은 보기 좋다. 그들은 서로의 일을 돕기도 했고, 돈을 번다는 데 뿌듯함을 느끼는 듯했다. 그렇지만 경로당의 그녀들 사이에는 은근한 이질감이 있었다. 더 가난하지 못해서 이 일을 할 수 없는 누군가와 몸이 아픈 이들은 일하는 이들을 부러워했다. 어떤 이는 사정이 있어 일을 그만뒀다가 다시 일을 할 수 있게 되었을 때 빈자리가 없어 난감해하기도 했다. 반면에 일을 하는 이들 역시 일하지 않는 사람을 부러워했다.

경로당을 작업장으로 만든 곳 모두에서 발견되는 풍경은 아니겠지만, 적어도 이곳에서는 '일을 하는 사람'과 '일하지 않는 사람'의 구분이 명료했다. 모두가 친했지만, 모두 각자의 아쉬움이 있었다. 이런 아쉬움은 그 누구도 의도한 것은 아니었을 테지만 경로당이라는 공간 내부를 위계화한 결과를 낳았다. 경로당이 작업장이 되자, 쉬어가는 정겨운 공간은 돈을 벌거나 벌 수 없는 공간이 됐다. 이는 어르신 공동작업장이라는 정책이 만든 문제만은 아니다. 애초에 최소한의 소득도 올리고 있지 못한 처지의 문제로, 보편적인 복지의 필요를 야기하는 지점이다. 노인들을 선발해 돈벌 기회를 주는 선별적인 정책으로만 땜질하는 복지로는 문제가 계속될 뿐이다.

## 새로운 '식구'

경로당서 조사를 하는 과정에서 '식구'라는 말을 다시 생각하게 된 계기가 있었다. 3층으로 된 경로당이었는데, 다른 곳과는 좀 다른 모습이었다. 보통의 경로당은 큰 방 두 개로 각기 '남자방'과 '여자방'으로 나뉜 경우가 많다. 그렇지만 이곳은 '남자층', '여자층'이라는 구분이 있긴 해도 실제로 생활할 때는 성별에 따라 구분되진 않았다. 다만 친분이 있는 사람들끼리 이용하는 층이 달랐다.[9] 2층에 들어섰는데, 한 노인이 우리 3층 건물에 세 식구가 산다며, "각 층마다 다른 식구들"이 있는데 "우리 식구"를 찾아와줘서 고맙다고 말했다. 경로당의 사람들은 피가 섞인 가족은 아니지만 함께 밥을 먹는 식구라는 말씀씨였다.

식구(食口)라는 말은 누구를 가리키는 걸까. 이전에는 한 집에서 한솥밥을 먹는 가족 관계의 사람들을 가리켰다. 이제는 누구든 같이 밥을 먹는 사람들이 식구라는 생각을

---

**9** 냉정하게 살피면, 직업과 계층에서의 차이가 있는 듯 보이기는 했다. 그렇지만, 각 층마다 완전히 분리된 건 아니었다. 공동의 공간이라는 인식이 있었고, 나름대로 서로가 도울 방법들을 찾고 있었다. 예컨대, 경로당 앞에 있는 화분을 키우는 일을 서로 분담하며, 경로당의 운영비에 있어 경제적 사정에 따라 약간의 차등을 두고 사정에 맞춰 돈을 내는 구조 등을 갖췄다.

해본다. 핏줄의 연결이나 동향(同鄕)의 여부로 식구로 인정하느냐 마느냐가 중요한 건 아니었다. 어떤 노인들은 가족과의 관계도 좋지 않아, 식구라고는 경로당 사람들만 남은 이들도 있다. 이 취약한 관계로 이루어진 세상에서 때로는 예민하게 날을 세우기도 하고 무덤덤하게 무시하며 넘어가더라도, 서로의 안부를 묻고 밥 한 끼를 나눠 먹으며 존재를 확인하는 사람들이 바로 식구 아닐까. '관계'의 양상이 이전과는 다르게 변한 것일 테다. 이런 점에서 경로당은 (여가시설을 넘어) '공동'의 생활시설로서 새로운 관계를 만드는 역할을 하는 장소다.[10]

---

10　민속학연구자 이민재와의 공동조사가 아니었다면 알아챌 수 없었을 부분이다.

12시 30분


경로당을 나선 영자씨가 길을 건너려 횡단보도 앞에 섰
다. 영자씨보다 나이가 열 살은 많아 보이는 한 여자가
그 옆에 왔다. 이쪽저쪽으로 고개를 돌리며 두리번거리
는 여자의 모습을 보고 영자씨는 말을 걸었다. "오메,
아파트가 들와서 여가 신호등이 생겨부렀지야. 저짝 신
호등에 초록색이 들어올 때 건너면 된게, 저거 잘 보시
고 계시오." 그렇지만 나이 든 여자는 신호등을 보지 않
고, 왼쪽 오른쪽을 둘러보며 차가 오는지 안 오는지를
살폈다. 차가 뜸해지자 앞으로 달리듯 나갔다. 영자씨
가 혼자 중얼거렸다. "없어도 되는디 이걸 뭣 헐러고 만
들었다냐. 오십 년을 없이 살았는디, 시방 와서 뭔 난린
가." 영자씨도 신호등이 낯설었다. 북아현동에 사람이

살았던 게 백 년이 넘을 텐데, 이 신호등이 세워진 건 얼마 안 됐다. 북아현2동이 통째로 사라지며 아파트가 들어서고 생긴 변화였다.

영자씨는 교회로 발걸음을 돌렸다. 교회로 가는 길에는 성당이 하나 있다. 잠깐 성당 일 층에 들렀다. 경로당 사람들의 말 때문이었다. "교회는 밥을 주는데 묫자리를 안 줘. 근데 성당은 밥은 안 줘도 묫자리를 준다카이. 걸어 다닐 때는 하나님 만나고, 자빠져 잘 땐 하느님 만나러 가야 안 카나. 어채피 하나님이나 하느님이나 하나니께 다 이해해줄끼고." 영자씨는 자꾸 '묫자리'에 마음이 갔다. 그래서 시간만 나면 성당 게시판 앞에 서서 신자를 위한 '공원묘지' 광고를 쳐다봤다. 영자씨는 아직 성당으로 옮길지 결정하진 못했다.

영자씨는 '에라 모르겠구먼.'이라 생각하며, 성당서 나와 다시 교회로 향했다. 영자씨가 교회에 다닌 지는 그리 오래된 건 아니었다. 누가 교회를 가게 된 이유를 물으면, 영자씨는 부끄러운 듯 말했다. "좋은 곳잉게 가지,

한번 갔다 하믄 밥도 줘, 쌀도 줘. 천사님들이 따로 없
어부러." 영자씨는 교회 활동에 열심인 신자는 아녔다.
교회에 처음 가게 된 건, 시장에서 장사하던 시절 알고
지낸 친구가 교회서 점심밥을 주고 생쌀을 나눠준다며
함께 받으러 가자고 한 게 시작이었다. 남들은 교회서
신앙심을 이야기하지만, 영자씨는 먹고사는 짐을 덜고
싶었다. 그렇지만 막상 매주 수요일마다 예배를 드리다
보니 정이 들었다.

그녀는 이미 예배가 끝나버린 예배당에 들러 홀로 기도
를 하고, 교회 안 미용실에 들러 머리카락을 잘랐다. 노
인들은 수요일만 머리카락을 공짜로 자를 수 있는데 오
늘은 조금 특수한 경우였다. 지난 주, 이번 수요일에 도
저히 시간이 안 된다고 다른 시간대에 한 번만 머리를
잘라달라고 미용봉사를 하는 집사님에게 요청을 했고,
집사님이 따로 시간을 정해준 게 오늘이었다. 그녀에게
교회는 얻을 게 많은 곳이었다. 매주 수요일 열 시에 교
회 작은 방서 예배를 드렸고, 예배를 드리고 나서는 치

매교실이나 뜨개질 같은 프로그램이 열리기도 했다. 이 일정이 끝나면 모두 함께 점심식사를 했다. 오늘처럼 공짜로 머리를 자를 수도 있었다. 그나마 동네 사람들의 도움이 있기에 사는 게 덜 힘들었다.

머리를 다 자른 영자씨는 교회서 집으로 향했다. 골목은 오늘도 한가했다. 젊은 사람들은 보이지 않았고, 영자씨 또래의 사람들이 옹기종기 모여 앉아 있었다. 영자씨는 안면이 익은 사람이 보일 때마다 인사를 했다. "뭐 한다? 날도 조깐 더운디 뭣하시오. 밥은 자셨소?" 그러면서 영자씨도 여기 잠깐 저기 잠깐 앉았다 일어나길 반복한다. 사람들은 영자씨의 헤어스타일을 보고 "젊어져 부렀네."라거나 "애인 생겼냐."는 농을 해댔다. 영자씨는 교회 자랑을 실컷 했고, 교회에 다니지 않는 사람에게 어딜 믿든 교회에 한번 가보라 말하느라 바빴다.

수다를 떨다 집으로 돌아오니 두 시쯤이 됐다. 영자씨는 파스를 새 걸로 갈아 붙였고, 더 편한 옷으로 갈아입었다. 그리고 집 바깥으로 나가 어제 주워 온 것들이 잘

있는지 살폈다. 별문제가 없자, 그녀는 전봇대로 가 카
트를 묶은 자물쇠를 풀었다. 카트를 끌고 내리막길을
갔다.

# 도시에서 늙는다는 것

인터넷에는 '차도를 걷는' 재활용품 수집 노인에 대한 불만이 적잖게 올라온다. 다음과 같은 말들 말이다. "딱히 불쌍하거나 안됐다는 생각은 안 드는데?? 오히려 아침, 저녁 출퇴근 시간에 안 그래도 좁은 도로 길 막히게 차선 하나 떡하니 차지하며 리어카 끌고 가는 거 보면 참 몰염치한 이기적인 노인들이란 생각이 든다. 본인 한 명 땜에 바쁜 시간 얼마나 많은 사람들이 시간 손해를 봐야 되는 거냐??"[1] 이처럼 노인들을 두고 '문명화'가 덜 됐다거나, "열심히 살지 않은 젊은 날의 결과"가 '규칙 없는' 행동으로 나타나는 거라

---

[1]    박송이, "재활용산업 먹이사슬의 끝에서 살아가는 '폐지 줍는 노인'"의 다음 뉴스 게시글에 달린 '별○○유'의 댓글, 2016년 4월 30일.

며 가타부타 탓을 하기도 한다. 노인들은 제멋대로인 불청객이기만 할까? 아니다, 노인들은 법을 어기지 않았다. 왜냐면 노인들은 법에 따라 차도서 리어카를 끌게 되어 있기 때문이다. 〈도로교통법〉은 리어카를 사람의 힘으로 운전되는 차('차마')로 보았고, 이에 따라 리어카가 인도 위를 통행하는 일은 불법으로 간주한다. 이런 사정을 이해한다면, 노인들을 탓할 게 아니라 노인이 차도 위로 걷게 하는 법을 시정하자고 말해야 하지 않을까?

그러나 법만 바꾼다고 노인들의 사정이 나아지는 건 아니다. 우리는 노인들 역시 나름대로 도시공간을 자신의 몸에 맞춰 전유(專有)하고 있다는 점 역시 고민할 필요가 있다. 지금의 도시는 노인들의 마음과 몸에 알맞을까? 또한 법이 바뀌어, 노인들이 차도가 아니라 인도에서 리어카를 몰 수 있게 되면 과연 위험이 해결될까? 노인들이 얼마 나가지도 않는 몸으로 100~200kg이 넘는 리어카를 끄는 장면을 떠올려보자. 노인들은 울퉁불퉁한 인도를 지나며 더 많은 힘을 쓰게 된다. 게다가 인도의 폭이 좁은 상황에서라면 지나치는 사람들을 피해야 하기에 신경 써야 할 것이 너무 많아 쉽게 지치게 된다. 즉, 법의 문제를 넘어서, 노인들의 몸과 마음에 맞는 도시공간을 새로 구성해야 할 필요가 있다. 그러니 노인에게 '몰염치스럽고 이기적'이라는 댓글 하나를 달기보다는 노인이 이런 위험을 감수하지 않아도 될 삶을 살길 바라는 마음이 더 필요하지 않을까 싶다.

도시 역시 변한다. 최근 건축계와 사회복지계에서는 UN에서 제시한 '고령친화도시'라는 아젠다를 제시하고 있다. 노인이 불편함을 느끼지 않는 물리적인 공간(외부 공간·시설·교통·주택 및 주거환경)을 꾸며야 한다는 목표를 달성한 도시를 만들자는 구상이다. 여기에서도 꼭 고려되어야 할 것은 노인의 다양한 계층을 포괄하는 구상이 필요하다는 것이다. 경제적인 차이, 신체적인 차이, 심리적인 차이가 있더라도 모두가 안전하게 이용할 수 있는 도시가 필요하다.


## 죽는다는 것

배우 윤여정은 〈죽여주는 여자〉라는 영화에 대한 인터뷰에서 말했다. "죽음은 사물의 자연스러운 질서다. 하고 싶은 일을 하다 죽는 것이 가장 잘 죽는 것 같다. 물론 약장수 맘대로 되는 건 아니지만 말이다."[2] 노인들은 모두 죽음을 맞이하는 중이라는 점을 자각하고 있다. 죽음이란 누군가에겐 불안하며 공포스런 미래이며, 또 다른 이들에겐 수용해야 할 미래라고 할 수 있을 것이다. 죽음에 대해 수용하는 노인들은 자신의 삶을 두고, 윤여정의 말마따나 자연스러운 일이며, 적응해야 할 일이라고 생각한다. 한 강의에서 만난 노인들은 말했다. 자신들의 "삶은 끝없이 변하는 세상에 적응해왔고, 죽는다는 게 행복한 일인지 아닌지 알 수는 없지만, 마지막으로 세상에 적응하는 일이 아니겠냐."고.

그렇지만 '죽는' 일에 있어 현실적인 사정은 이들의 마음을 어지럽게 했다. 경로당에 있는 노인이건, 집에서 생활하는 노인이건, 일을 하는 노인이건 '거동'이 힘들어지는 순

---

**2** 이주희, "'죽여주는 여자' 윤여정, 소수자의 이야기를 하는 이유", 〈엔터온뉴스〉, 2016년 10월 11일.

간에 대한 걱정이 많다. 그러고는 '거동'이 힘들어지는 순간에 발생할 변화를 꽤 구체적으로 알고 있었다. '양로원'이나 '실버타운'에도 갈 수 없는 팔자니, '요양원'으로 일단 갔다가 건강이 더 나빠질 때는 '요양병원'으로 갈 거라는 말들을 공통적으로 했다.[3] 게다가 돈이 없는 노인들은 '더 싼' 요양원과 요양병원을 찾아 들어가야 한다는 걸 체념한 듯 받아들이고 있었다.

요양원에 가기 전에 노인들이 열심히 해야 할 일이 있었다. 미리 '장례식장'의 손님을 만드는 일이었다.[4] 노인들은 (자신이 죽어 확인하지 못할지라도) 장례식장이 비어 있으면 어쩌지 하는 고민이 상당히 많다. 더구나 '요양원'(과 '요양병원')에 가게 된다면, 이전처럼 지역의 사람들을 만날 수 없다. 게다가

---

**3**  요양원과 요양병원은 다르다. 요양원은 입원한 노인이 노인장기요양보험을 통해 지원을 받으며 치료가 아닌 '돌봄'을 위주로 하는 복지시설이다. 요양병원은 건강보험을 통해 증상에 따라 치료를 받는 의료기관이다.

**4**  이기홍(2009)의 연구에 따르면, 죽음에 대해 수용하는 특성은 남성보다 여성에게 더 강하게 나타난다. 특히 종교를 가진 여성은 더욱 그렇다. (이기홍, 2008: 148~151쪽 참조)

또래의 사람들 가운데서 자신의 장례식에 올 사람이 몇이나 될지도 알 수 없는 노릇이다.[5] 그런 면에서 지역의 종교시설을 통해 입교하는 건 중요한 전략이 된다.[6] 예컨대 군이 아는 사람이 아니더라도, 같은 시설에 등록된 '신자'들이 자신의 장례식장을 채워주리라는 것을 예상하기 때문이다.

이렇게 (예비) 장례식장 손님을 마련했더라도, '묏자리'가 없는 이들은 끊임없이 여기저기를 방황한다. 묏자리는 가난한 이들을 항상 쫓아다니는 계급적 문제로, 가난한 노인들은 싸지만 목이 좋은 묏자리를 확보하는 것을 마지막 과업으로 삼고 있다.[7] 조사 중에 자신의 묏자리 비용을 마련

---

5    자신보다 다른 이들이 먼저 죽을지도 모르기 때문이다.

6    종교시설은 노인과 여러 면에서 관계를 맺고, 이들을 안도케 하는 기능이 있다. 현재 시점에서는 종교 시설에서 쌀과 같이 부족한 필수 자원을 지원받을 수 있고, 미용과 같은 서비스를 제공해 현금 소비를 하지 않게끔 한다. 한 달에 한두 번 문안인사를 하는 자녀들과 달리, 성직자와 임원들과 봉사자들을 지속적으로 만나 축복을 나누며 위로를 받을 수도 있다.

7    계급적 문제라 이야기하는 건, 경제적·사회적 사정에 따라 묏자리를 확보하는 시기나 방식이 다르기 때문이다. 부유한 노인들의 경우, 일찌감치 묏자리를 사두고, 가족 간의 부가 형성된 이들은 종친회가 운영하는 선산

하겠다며 재활용품을 줍는 노인을 만난 적도 있었다. 또 다른 이는 한 종교에 입교했지만 해당 종교에서는 공동묘지를 마련해주지 않기에, 다른 종교에서는 공동묘지에 들어갈 수 있다는 소식을 듣고 두 곳 모두를 다닌다고 하기도 했다.

에 묫자리를 마련하면 되는데, 가난한 노인들의 경우는 죽음이 임박했을 때 사정에 맞춰 묫자리를 사는 것이 일반적이다.

# 에필로그

이 글은 2015년부터 2019년까지의 현장조사 작업을 기초로 한다. 이 글이 있게 한 첫 발견은 다음과 같다. 2015년 3월의 어느 날, 가양역 근처에서 마을버스를 타고 작은 골목을 지나가는데, 1km가 채 안 되는 거리에서 재활용품을 줍는 노인 여럿을 보게 됐다. 그녀들은 함께 다니는 게 아니었다. 그녀들은 어떤 갈림길에 다다르자 뿔뿔이 흩어졌다. 알고 보면 경쟁 중이었던 상황이며, 고물은 먼저 발견한 사람의 차지가 되기에 굳이 남의 뒤를 따를 필요가 없었던 것이다. 이 모습을 보고, 재활용품을 줍는 노인의 일과 삶을 살펴보겠다며 연구를 시작했다.

이 과정은 어려웠다. 우선 무엇보다 필자가 공부하는 사회과학 분과에서 노인을 비롯한 가난한 계층에 대한 선행

연구를 찾는 게 힘들었다. 1990년대까지만 하더라도 도시
하층민의 문제는 사회학에서 사회 변동을 보여주는 대상으
로, 사회운동의 가장 중요한 주제였다. 그렇지만 1990년대
중산층사회가 본격화되었고, 신사회운동이 운동의 주류가
되며 도시하층민에 대한 관심이 줄어들었다. 1995년 〈사회
보장기본법〉이 제정됐고, 그 이후 사회복지학계의 성장으
로 인해 빈곤계층에 대한 정책과 실제 현장은 사회복지학계
와 사회복지사가 다루는 주제로 옮겨 갔다. 사회복지학계서
는 정부의 정책이나 활동 현장에서 필요한 재정과 서비스에
관한 연구를 중시하며, 빈곤계층의 집단적인 욕구를 파악하
기 위해 지속적인 조사를 실시하고 있다. 이러한 연구들은
현재의 사회복지 정책의 기초가 됐고, 도시하층민의 삶에
많은 도움이 되고 있다.

　　최근 도시하층민을 가까이서 지켜보며 그들의 삶과 생
애를 기반으로 한 연구를 찾기란 어렵다. 물론 통계를 통해
정책이 오작동하는 지점을 찾거나 욕구를 일반화하는 연구
도 중요하다. 그렇지만 한 명의 개인이 자신과 무엇을 연결

지으며 생활을 이뤄가는지, 위태로운 개인을 둘러싼 사회는 무엇이며 그 전반의 구조가 어떠한지 등에 대한 질문에 답해야 할 필요도 있지 않을까? 다른 방식의 조사가 필요하다고 생각했다.

그래서 이 조사는 민속지(ethnography) 작업을 목표로, 매 순간마다 노인이 무엇과 맞닿아 있는지를 번역해내려고 했다.[1] 다르게 말하자면, 노인의 생활이 무엇과 연결될 때, 어떤 문제들이 발생하는지 설명하려 했다. 여기서 도움이 됐던 작업은 사회학자인 조은·조옥라의 《도시빈민의 삶과 공간: 사당동 재개발지역 현장연구》(1992)와 조은의 《사당동 더하기 25: 가난에 대한 스물다섯 해의 기록》(2012)이었다. '가난'이 가족 안에서 어떻게 재생산되었는지를 밝히는 작업이었다. 다르게 말하자면, '주택' 문제가 해결되면 '가난'이 해결될지에 대해 세대를 걸쳐 살펴본 작업이었다. 과거와 현재의 가난을 연결하여 살펴보는 방식은 이 책을 쓸 때

---

[1]    노명우, 2008: 78쪽.

도 크게 참조했다.

　무엇보다 연구자가 도시하층민의 시야에 접속하는 일은 무척 어려운 일이다. 지리학 연구자인 김준호는 두 달여간 서울역 앞 거리노숙인으로 지내며, 노숙인들이 광장을 전유하는 과정을 정리했다. 그는 노숙인에게 서울역 앞 광장은 수면·취식·구걸·부유의 공간으로 나뉘어 있다고 주장하며, 그들을 '쉼터'라 불리는 감금시설에 무작정 가둘 것이 아니라 그들을 이해해야 노숙의 문제가 해결될 수 있다는 점을 강조했다. 이 연구로 노숙인의 발생과 그들의 사회복귀 문제가 완전히 해결됐다고 말할 수는 없다. 그렇지만 이 작업 이후 노숙인들을 특정한 욕구가 부족해 문제가 발생한 존재로 바라보기보다, 노숙인들이 가진 욕망을 바라보고 그 욕망을 함께 이룰 수 있다는 인식이 가능해졌다. 김준호의 연구는, 이 책에서 재활용품을 수집하는 노인들의 부족한 면을 드러내기보다, 이들이 필요로 하며 원하는 것이 무언지, 이들에게 주변의 사람들과 조직, 공간이 어떻게 여겨지는지 살피는 데 큰 도움이 되었다.

노인들이 재활용품 수집을 그만둘 방법이 있을까? 쉬운 방법이 있다. '자원순환'이 완벽하게 기능하는 사회를 만들면 된다.(현 상황에서는 불가능한 상상이다.) 예컨대 국가가 쓰레기 배출지에서 중간의 분류/선별 단계까지, 또 거기에서 재활용자원 생산까지 모든 과정을 완벽하게 구축하면 된다. 구청의 위탁업체가 골목과 대로의 쓰레기를 완벽하게 수집하고, 나름의 '제도적' 처리 체계에서 분류하고 선별하면 되는 것이다. 즉, 노인들이 주울 재활용품을 없애면, 자연스레 노인들은 재활용품을 수집하지 못하게 된다는 말이기도 하다.

그렇지만, 이건 불가능한 이야기다. '자원순환'이란 하나의 상상의 생태계일 뿐이며, 현실은 정리되지 않은 제도와 부족한 재정과 인력으로 버거운 상황이다. 우선 쓰레기와 재활용품의 배출량과 수거량을 정확히 예측해, 노인들이 주울 거리를 없애기란 불가능하다. 예를 들어, COVID-19로 인해 쓰레기(재활용품)의 양이 엄청나게 늘어났다. 몇 배가 더 늘었는지도 정확히 알 수 없는 상황이다. 비단 이러한 팬데믹 사태가 아니라, 2017년의 중국에서 한국산 비닐

을 수입하지 않겠다고 했던 시기를 떠올려보자. 비닐 수출
이 중단되자, 중간의 위탁업자들은 비닐쓰레기를 가져가 봤
자 팔 수 없다며 수거하지 않았다. 즉, 재활용품을 완벽하게
처리할 수 있는 상태란 사실상 불가능에 가깝다.

게다가 재활용 '산업'을 통해 노인들의 소득을 보전할
방법 역시 없다. 재활용품 수집 노인들이 폐지나 플라스틱
을 파는 가격을 결정하는 건, 최종 구매자인 민간 제조업체
들이다. 앞에서 설명한 대로 제조업체들이 가격을 결정하는
일이란 해외에서 재활용품을 수입하는 가격과 연동되어 있
기도 하다. 정부가 재활용 산업에 있어 국내에서 생산된 재
활용품 사용을 제한하거나 그 가격의 기준을 지정하지 않는
이상, 노인들의 매매가를 보장할 수는 없다.

우리가 정말로 고민해야 할 문제는 따로 있다. 노인들
이 일을 하지 않아도 되는 사회를 어떻게 만들 것인가다. 지
금까지의 고민은 다소 모순적이었다. 정부는 국민이 만 65
세 이상이 되면 은퇴하고 노후를 안락하게 보내게끔 하자고
규정했다. 그렇지만 사실상 모두가 안락한 노후를 보낼 수

있는 건 아니었다. 1인당 27여만 원의 기초노령연금을 지급해봤지만, 사정이 나아지지 않았다. 상대적 빈곤율은 계속해서 높아졌고, 정부는 '노인일자리사업'을 내놓아봤지만 상황은 나아지지 않았다. 여기서 생기는 문제란 일자리의 '질'이다.

제도적으로 65세 이상인 '노인'은 은퇴를 해야 한다. 65세 이상은 자신이 종사하고 있는 산업에서 물러나야 하며, 산업 역시 노인계층을 노동자로 생각하지 않는다. 이런 상황에서 정부는 사회복지사업으로 '노인일자리'를 제공하고 있다. 즉, 기존의 산업 바깥에서 일을 마련해야 하는 상황이 발생하게 된다. 그렇기 때문에 노인일자리사업이 제공할 수 있는 일이란 질이 낮을 수밖에 없다.

그러므로 여기에 대한 답은 다른 데서 찾아야 한다. 재활용품 수집 노인의 일을 다른 것으로 전환시킬 방법은 사실상 없다. 이런 상황에서 우선해야 할 일이란 노인들이 일을 하지 않고도 행복할 수 있는 방법을 마련하는 일이며, 그를 위해서는 정부가 나서 사회의 합의를 끌어낼 필요가 있다. 무엇보다 재활용품 수집 노인은 무주물인 자원을 획득해 소득으로 전환하는 일을 하는 이들이다. 사회가 해야 할 일은 이 소득을 '재활용품 판매'가 아니라 다른 방식으로 획득할 수 있게 하는 것이며, 궁극적으로 노인들이 (일을 하지 않더라도) 더 나은 기초소득을 가질 방법을 고민하는 데 있다.

# 후기

청년부터 노인까지 다양한 배경을 가진 이들이 이 책을 읽어볼 수 있기를 기대한다. 독자들이 이 글을 통해 우리가 직면하고 있는 문제를 세세하게 인식하고, 해결할 방법을 함께 고민하고 실천하는 상상을 해본다. 이 책이 가난한 노인들의 처지가 나아지는 데 아주 조금이나마 기여하기를 꿈꾼다. 그렇게 된다면 이 책의 내용과 주장이 낡게 되더라도 낙심하지 않을 것 같다.

이 책이 나오는 데까지 곁에 있어준 친구와 동료들에게 인사를 전하고 싶다. 이 책은 서종건과 이민재와의 공동연구 덕분에 가능했다. 누구에게보다 먼저 감사한 마음을 표하며, 다음의 공동연구를 기약한다. 또한 책의 준비에서 완성 과정까지 많은 조언을 주고 편집 작업을 진행해준 김수진 부사장님과 유예림 편집자에게도 감사를 표한다.

그리고 학부생 시절의 소란스러웠던 '김소준철' 시절부터 지금까지 곁에 있어준 김강과 맹세호와 오상윤과 황재용과 박성형과 김은화, 필통넷 '날아' 시절부터 함께 해온 운짱과 폴리와 담과 썬과 맥과 탱과 루케와 (멀리서 함께했던 이들) 쨱과 보라와 달크로즈, TEXTBOOK!출판사의 중심인 정혜선, 힘든 시절 마음을 다해 도와준 별일사무소의 이초영과 배혜리와 신현나와 현승인, 공덕동에서부터 공동체의 실험을 함께하는 김영주와 김동환과 안선영, 하자센터 하자작업장학교 중등 과정의 판돌들과 죽돌들, 크리킨디센터 하자작업장학교의 차쿠들와 옥수수들에게 깊은 우정을 보낸다.

청계천과 을지로 사이에서 재개발의 잔혹함을 몸으로 마주하면서 기술자와 기술의 의미를 탐색하는 친구이자 동료인 안근철과 최혁규, 계절마다 우리의 도시에 필요한 이야기가 무언지 함께 고민하는 〈걷고싶은도시〉 편집위원회의 안현찬과 최성용과 김민수와 한수경과 조은혜와 이채원과 안영주와 박미리, 도시를 바라보는 다른 시각을 알려주

는 걷고싶은도시만들기시민연대의 박승배와 맹기돈과 최지
은에게 연대하는 마음을 보낸다.

　대학원에서 함께 연구가 무언지 함께 고민하며 공부했
던 한국학중앙연구원의 김미화와 Bahar Aliyeva와 Jelena
Milosavljevic와 Zaur Abishov와 Enkhjargal Bilgun과 May
Indusobhana와 번정아와 허수미와 박순우와 이상현과 조
희진과 강세미와 이현영과 도희주와 강수지와 황수정, 사회
사/역사사회학의 방법으로 한국사회의 문제적 시설과 존재
를 함께 마주하는 〈서울대학교 사회학과 형제복지원 연구
팀〉, 어설픈 연구자 지망생인 필자에게 조언을 아끼지 않으
셨던 한국학중앙연구원의 김복수 교수님과 김경일 교수님
과 한도현 교수님과 김원 교수님과 주영하 교수님, 사회이
론학교의 정수남 선배님과 청계천기술문화연구실의 조동원
실장님과 한국사회사학회의 여러 선생님들, 연구하는 어려
움과 슬픔과 기쁨을 나누는 연구자 동료들에게 늘 노력하는
연구자가 될 것을 약속한다.

　마지막으로 사회학 연구자로서의 자세와 방법을 일러

주는 서호철 교수님, 연구자 되기를 지지해주시는 아버지 소범영과 어머니 김미란과 동생 소민지, 그리고 영감과 평화를 나누는 아내 김민지에게 크게 감사하며 사랑한다는 말로 후기를 마치겠다.

소준철

## 붙임 1  윤영자라는 '가상' 인물의 생애

| 연도 | 연령 | 내용 |
|------|------|------|
| 1945 | 1 | 전라남도 해남군 출생. |
| 1953 | 9 | 해남동국민학교 입학. |
| 1958 | 14 | 해남동국민학교 졸업. |
| 1962 | 18 | 부친이 서울로 이주하며 서울로 이사하여 중림동 인근에 살았음. |
| 1963 | 19 | 청계천 인근 가게에서 서무 일을 시작했고, 창신동에 가족과 떨어져 살았음. |
| 1964 | 20 | 일을 그만두고, 용산으로 이주함. |
| 1965 | 21 | 이웃집 소개로, 공무원인 김정웅(당시 25세)과 결혼. 아현동에 신혼집을 차림. |
| 1966 | 22 | 첫째 딸 미숙을 출산. |
| 1967 | 23 | 둘째 딸 경숙을 출산. |
| 1967 | 23 | 남편 김정웅이 공무원 생활을 그만두고, 남방개발을 위한 파견 기술자로 인도네시아로 감. |
| 1967 | 23 | 복덕방에서 서무일을 도와줌. |
| 1970 | 26 | 남편 김정웅(30세)이 귀국함. |
| 1970 | 26 | 셋째 아들 준호를 출산. |
| 1971 | 27 | 넷째 아들 준길을 출산. |
| 1971 | 27 | 천연동의 금화시범아파트에 입주. |
| 1973 | 29 | 다섯째 딸 정숙을 출산. |

| | | |
|---|---|---|
| 1973 | 29 | 첫째 미숙(8세)이 국민학교에 입학. |
| 1974 | 30 | 부천 신앙촌에서 화장품(구리무, 크림)을 떼다 인근 업소와 동네에서 판매하기 시작. |
| 1974 | 30 | 둘째 경숙(8세)이 국민학교에 입학. |
| 1977 | 33 | 막내 성호를 출산. |
| 1977 | 33 | 셋째 준호(8세)가 국민학교에 입학. |
| 1977 | 33 | 새마을부녀회 활동 시작. |
| 1977 | 33 | 태평양 화장품 방문판매 시작. |
| 1978 | 34 | 넷째 준길(8세)이 국민학교에 입학. |
| 1979 | 35 | 남편(39세)이 실직함. |
| 1980 | 36 | 다섯째 정숙(8세)이 국민학교에 입학. |
| 1981 | 37 | 남편(41세)이 시장에서 장사를 시작함. |
| 1983 | 39 | 남편(43세)이 운전면허증을 땀. |
| 1983 | 39 | 반공연맹 부녀회 활동 시작. |
| 1984 | 40 | 막내 성호(8세)가 국민학교에 입학. |
| 1985 | 41 | 남편 김정웅(45세)이 택시기사로 일을 시작함. |
| 1986 | 42 | 새마을부녀회 회장 역임. |
| 1987 | 43 | 남편이 장사하던 가게를 옷가게로 바꿈. 동대문에서 옷을 떼어 옴. |
| 1989 | 45 | 북아현동에 단독주택을 구입함. |
| 1989 | 45 | 셋째 준호(20세)가 대학에 입학함. |
| 1990 | 46 | 넷째 준길(20세)이 대학에 입학함. |

| 1992 | 48 | 첫째 미숙(27세)이 결혼을 함. |
|---|---|---|
| 1992 | 48 | 남편이 개인택시면허자격을 획득했고,<br>개인택시를 운영하기 시작함. |
| 1992 | 48 | 다섯째 정숙(20세)이 대학에 입학함. |
| 1993 | 49 | 둘째 경숙(27세)이 결혼을 함. |
| 1996 | 52 | 계모임에서 해외 여행을 다녀옴. |
| 1996 | 52 | 막내 성호(20세)가 전문대학에 입학함. |
| 1997 | 53 | IMF 경제위기로 첫째 미숙(32세)의 남편이 실직함.<br>사위가 사업을 한다기에 돈을 대줌. |
| 1998 | 54 | 셋째 준호(29세)가 결혼을 함. |
| 2000 | 56 | 넷째 준길(30세)이 결혼을 함. |
| 2001 | 57 | 다섯째 정숙(29세)이 결혼을 함. |
| 2003 | 59 | 다섯째 정숙(31세)이 이혼을 함.<br>정숙이 동네에 학원을 차린다기에 돈을 대줌. |
| 2004 | 60 | 셋째 준호(35세)가 사업을 시작함. 모아놓은 돈을 대줌. |
| 2006 | 62 | 재정 문제로 북아현동의 단독주택을 매각함.<br>인근의 주택에 전세로 들어감. |
| 2008 | 64 | 남편 김정웅(68세)이 건강상의 이유로 개인택시를 매각하고,<br>실직함. |
| 2009 | 65 | 남편 김정웅(69세)이 작은 규모의 아파트 경비원으로 일을 함. |
| 2009 | 65 | 장사가 잘 안 되자 시장의 옷가게를 매각함. |
| 2009 | 65 | 셋째 준호(40세)가 사업을 실패함.<br>새로 사업을 한다기에 다시 돈을 대줌. |

| 2010 | 66 | 북아현 1-3구역 재개발 관리처분인가로 인해 인근 아현 2구역으로 이주함(전세). |
|------|----|----|
| 2011 | 67 | 재산 기준의 문제로 기초노령연금(2008~2012)을 받지 못함. |
| 2011 | 67 | 남편 김정웅(71세)이 경비원을 그만둠. 남편이 대장암으로 수술을 함. 남편을 간호함. |
| 2011 | 67 | 골목에서 재활용 가능한 폐품을 주워 팔기 시작함. |
| 2013 | 69 | 경로당 활동을 시작함. |
| 2014 | 70 | 기초연금(2013~현재)으로 32만 원(부부)을 받았음. |
| 2015 | 71 | 경로당 노인들과 함께 폐품을 주워 팔아봄. |
| 2015 | 71 | 지인의 소개로 노인일자리사업을 알게 되어 신청함. 환경개선 공익사업에 투입됨. 수입이 27만 원 늘어남(단 10개월). 소득액이 기초연금과 함께 월 40만 원 대가 됨. |
| 2016 | 72 | 다섯째 정숙이 학원 문을 닫음. 근처에 사는 정숙이 남편 김정웅(76세)을 부양함. 기초연금 가운데 남편분의 16만 원은 막내딸에게 보내줌. |
| 2016 | 72 | 아현 2구역의 재개발 관리처분인가로 인해 북아현 2구역으로 다시 이주하나, 혼자 살기에 이전보다 작은 집으로 감(전세). |
| 2017 | 73 | 노인일자리사업의 환경개선 공익사업이 너무 힘들어 공영주차장 관리사업으로 옮김. |
| 2018 | 74 | 건물 관리인과 합의해 건물을 청소하는 대신 건물에서 나오는 폐지를 수거함. |
| 2020 | 76 | (현재) |

## 붙임 2 윤영자의 가족 이야기

윤영자와 김정웅은 1965년 결혼했고, 3남 3녀를 낳았다. 남편 김정웅은 공무원으로 일했지만, 큰돈을 벌 수 있다는 말에 파견기술자로 인도네시아로 향했다. 돌아온 직후 경제적 상황은 괜찮았지만, 얼마 가지 않아 돈이 떨어졌다. 그는 1980년대 한창 붐이었던 운전면허자격증을 취득했고, 잠시 시장에서 가게를 열었다가 (가게는 부인에게 넘기고) 택시기사로 나섰다. 면허를 딴 지 6년이 지나자마자 개인택시면허증을 획득해, 개인택시를 굴리기 시작했다. 개인택시를 17년 정도 몰고, 택시기사의 벌이가 줄어들던 시기에 건강이 안좋아져 일을 그만뒀다. 그 후에는 자녀들에 대한 지원으로 가계가 악화되자, 건강이 좋지 않았음에도 경비원으로 취업했지만 얼마 일하지 못했다. 이후 윤씨가 남편의 병간호를 힘들어하자, 막내딸 정숙이 아버지를 자신의 집으로 모셔 갔다. 윤씨는 매주 한 번 막내딸 집에 가 남편과 막내딸과 손주들을 만난다.

윤씨 부부에게 자녀 교육은 중요한 일이었고, 부부는 특히 세 아들의 교육에 집중했다. 세 딸 중 둘은 고등학교를 졸업했고 막내는 대학교를 졸업했다. 세 아들 중 위의 둘은 대학교를 졸업했고, 막내는 전문대학을 졸업했다. 위의 두 딸은 성장기에 동생들을 돌보느라 바빴고, 아들이 아니라는 이유로 대학에 진학할 수 없었다. 대신 부모들은 그 아래의 두 아들에게 지원을 집중했다. 그나마 시대가 변한 탓에 막내딸은 대학에 진학할 수 있었고, 막내아들은 위의 형·누나와 달리 지원이 있었음에도 전문대에 진학했다. 이 가운데 위의 딸 둘과 둘째 아들은 결혼과 함께 부모의 지원으로부터 독립했지만, 첫째 아들과 막내딸은 결혼 후에도 부모에게 지원을 요구했다. 윤씨 부부는 사업을 하겠다는 첫째 아들과 학원을 차리겠다는 막내딸에게 경제적인 지원을 오랫동안 지속했다.(두 자녀들 역시 금융기관으로부터 돈을 빌릴 수 없는 처지였다. 이 둘에게 영자씨 부부는 금융기관을 대체하는 유일한 존재였다.) 한창 일을 할 때는 학비를 대는 데 별 무리가 없었지만, 나이를 먹어 일을 더 하기 힘든 상황에서 자녀를 지원하는 일은 윤씨 부부의 가계를 악화시키는 결과를 낳았다. 게다가 이 과정에서 집을 팔고 전세살이를 시작할 수밖에 없었다. 집을 판 지 얼마 지나지 않아, 팔았던 집이 재정비구역(재개발)에 지정됐다. 이웃들이 재개발로 인한 시세 차익을 얻을 동안, 윤씨 부부는 가진 돈이 줄어드는 상황을 맞게 되고, (어쩔 수 없는 결정이었음에도) 가장 큰 실수였다고 후회하며 지낸다.

## 붙임 3 윤영자의 일

윤영자는 국민학교를 겨우 졸업했지만, 고향 사람들이 하는 가게서 서무를 하며 10대 후반과 20대 초반을 보냈다. 결혼을 하고는 돈 벌러 해외로 떠난 남편을 대신해 아이들을 키웠고, 부족한 돈 때문에 동네 복덕방서 일을 도우며 생계를 꾸렸다. 그녀는 남편이 해외서 큰돈을 벌어올 줄 알았지만, 집 한 채도 사기 어려운 돈뿐이었다. 남편은 돌아오자마자 이 사업 저 사업을 했지만 망하기 일쑤였다. 1970년대, 아이들이 국민학교에 갈 시기가 되자, 그녀는 돈을 벌겠다며 한창 동네 아줌마들을 따라 부천의 신앙촌에 가 구리무(크림)를 떼다가 서울역 근처 업소의 색시들에게 팔고, 동네 사람들에게도 팔았다. 그러다 첫째 아들이 학교에 가자 '더러운 일'은 못하겠다며, 당시 유행하던 태평양의 화장품 방문판매를 시작했다. 그녀는 아들내미를 위해 치맛바람을 불러일으키고, 장사도 잘해보겠다는 심산으로 동네 부녀회 활동도 시작했다. 1980년대 초가 되자 남편이 가까운 시장에 가게를 하나 냈다. 가게 덕분에 가계가 좀 나아졌다. 얼마 지나지 않아 남편은 당시 돈벌이가 쏠쏠하다며 운전면허를 따더니 택시를 몰았다. 그녀는 남편이 하던 가게를 옷가게로 바꿔 영업을 시작했고, 동네서 부녀회장도 맡았다. 88올림픽을 전후로 경제가 호황을 맞았고, 남편의 택시 영업 수입과 자신의 옷가게에서 수입이 늘자 좋은 자리에 단독주택도 한 채 구입했다. 1990년대가 되자 아들들이 연이어 대학에 입학했고, 무심했던 막내딸도 대학에 들어갔다. 윤영자의 50대는 화려했다.

그러나 IMF 위기부터 윤씨의 가계에 문제가 시작됐다. 큰딸과 작은딸 모두 시집을 잘 갔다고 생각했지만, 큰 사위가 은행에서 잘렸다. 큰딸과 큰 사위가 찾아와 사업자금을 대달라고 했고, 동생들 뒷바라지만 하다 시집보낸 딸에게 미안한 마음이 들어 그간 모아놓은 돈 일부를 줬다. 그래도 윤씨나 남편이 한창 돈을 벌 때니 그럭저럭 버틸 만했다. 다음은 막내딸이었다. 이혼한 사람이 가장 많다는 2003년, 막내딸도 그중 하나였다. 막내는 애기를 키우려면 돈을 벌어야겠다며, 동네에 작은 영어학원을 내겠다고 했다. 다음으로 찾아온 건 늘 위태위태했던 첫째 아들이었다. 재주는 좋지만, 늘 불안했다. 아들은 다니던 회사를 그만뒀고, 윤씨에게 찾아와 경기가 좋아지는 상황이라 사업을 해야겠다고, 유산 대신 사업자금을 대달라고 했다. 그녀는 아들에게 줄 사업자금을 마련하기 위해 집을 팔았다. 소문에는 집이 있는 동네가 재개발될 것이고, 재개발만 되면 멋들어진 아파트가 지어지고, 돈을 많이 벌 수 있다고도 했다. 그렇지만 나중의 돈보다 아들이 성공해야 한다는 마음이 앞섰다. 가족은 가족이 보호해야 한다고 믿었다. 그렇게 근처의 집에서 전세살이를 시작했다. 다시 원점이었다. 그러고 나서 남편이 아프기 시작했다. 아들의 사업은 또다시 찾아온 2008년의 경제 위기에 망했다. 서울역에 대형마트가 생겼고, 시장 근처의 아현동이 재개발에 휩싸여 시장에 나다니는 손님이 확 줄었다. 그녀도 오랫동안 해오던 옷가게를 접었다. 그녀의 50대는 화려했지만, 60대는 운수가 '드럽게' 나쁜 시절이었다.

세상이 달라졌고, 나이가 들었다. 장사를 다시 할 엄두도 안 났다. 내 집이었던 자리, 그리고 지금 전셋집 근처에 재개발을 시작한다고 해서 이주비를 조금 받아 다시 북아현 동으로 넘어왔다. 내 집이었던 자리에는 큰 아파트가 생겼고, 이전에 동네 아줌마들과 쏘다니던 골목도 사라졌다. 윤 씨는 살아온 곡절을 생각하면 화가 치밀어 올랐다. 그래도 아픈 남편과 일이 잘 안 풀리는 자식들을 생각하니, 어떻게든 살아야 했다. 그나마 65세 노인들에게 기초노령연금이 나온다고 광고가 나왔다. 이걸 받아보겠다고 동회에 가 신청서를 냈고, 이것저것 서류를 뗐다. 그러나 동회 직원은 그녀와 남편이 자녀에게 증여한 재산이 가계 재산에 포함되어 연금을 받을 수 없다며 돌려보냈다. 연금을 받을 수 있는 재산 기준액이 2억 6,112만 원 이하였는데, 당시 영자씨는 북아현동 주택을 팔아 일부는 자녀들에게 증여하고 일부는 전세자금으로 썼다. 그런데 이 증여액이 부부의 재산으로 산정된 탓에 연금 수급 대상에서 배제된 것이다.

한스러운 상황은 끊이지 않았다. 남편이 대장암 판정을 받아 병원서 수술을 했다. 그녀는 대체 뭔 죄를 졌길래, 자신과 남편의 말년이 이리 힘든지 원망스러웠다. 그래도 살아야 했다. 그녀는 동네서 소일거리를 찾아 일했다. 그런데 장사만 해왔던 팔자라, 뭣을 만들어야 하는 일이 답답했다. 골목에 멍하니 앉아 있는데, 다른 노인네들 몇몇이 슈퍼서 공병을 줍고, 종이쪼가리니 플라스틱이니 하는 쓰레기를 줍는 모습이 보였다. 젊었던 시절 보았던 양아치가 하던 짓을, 노인네들이 하고 있었다. 그녀가 생각해봐도, 나이 든 노인네가 할 수 있는 일이 딱히 없었다. 집에 처박혀 뭣을 접고, 붙이고 하는 일이 싫었다. 그나마 양아치짓이 자신의 별 탈 없는 몸뚱어리로 할 수 있는 일일 것 같기도 했다. 마침 그때, 2011년엔 폐지 가격이 꽤 좋았다. 킬로그램당 200원 이상은 받았다. 어떤 노인네는 200킬로를 주우면 4만 원을 족히 받고, 거기다 값이 나가는 폐품을 주우면 수입이 짭짤하다 말했다. 그렇게 그녀는 폐지를, 폐품을 줍기 시작했다. 그렇지만 한 해 두 해 지날수록 폐품 값이 떨어졌다. 그녀는 고물상 주인에게 값을 올려달라고 발악을 해봤지만, 고물상 주인은 자기네도 남는 게 없다는 말만 반복했다. 2014년이 되었고, 정부는 가난한 노인들에게 기초연금이라며 돈을 주기 시작했다. 그녀도 그중 하나였다. 그렇지만 정부 어르신들이 말한 명당 20만 원을 다 받지 못했다. 부부가 모두 살아 있으면, 한 명이 16만 원을 받았다. 그녀는 가끔 경로당에 나갔다. 어떤 노인네는 다행히 젊은 시절에 국민연금을 냈다며, 그녀보다 24만 원을 더 받는다고 말했다. 그녀는 그 돈이 부러웠지만, 좋았던 날에 준비를 못 했던 게 억울했다. 그녀는 그녀와 처지가 같은 사람들을 모아 패를 꾸려 폐품을 같이 줍기도 했다. 그녀의 패거리는 이 폐품을 같이 팔아 경로당서 같이 먹을 반찬을 샀다. 그녀들 나름의 회식이었다. 그녀는 경로당 노인들로부터 노인일자리사업이라는 것을 듣고, 새벽같이 동사무소에 가 신청을 했다. 3월부터 12월까지, 한 열 달 동안 덥거나 춥거나 할 것 없이 하루 3시간씩 풀을 뽑았다. 가끔 3시간을 채우지 않고 끝낼 때도 있었고, 그때마다 기분이 좋았다. 일이 끝나면 집에 가 남편에게 밥을 차려줬고, 다시 나와 사람이 뜸한 골목서 폐품을 주워 가방에 넣었다.

　　그녀의 나이가 일흔이 됐다. 막내딸이 아버지를 데려가
겠다고 했다. 그녀는 안도인지 아쉬움인지 모를 한숨을 내
쉬었다. 그녀는 매달 남편의 몫으로 정부서 들어오는 기초
연금을 막내딸에게 부쳤다. 한 해가 지났고, 그녀가 혼자 사
는 전셋집을 또 비워줘야 했다. 여기도 재개발이 시작됐다.
다시 북아현동으로, 크기를 줄여 반지하 집으로 이사했다.
옆집의 반지하에도, 그 옆집 반지하에도 혼자 사는 노인네
가 있었다. 그녀들과 꽤 친해졌다. 그렇지만 골목에서 만나
면 획 하니 지나쳤다. 그녀들은 박스를 꽤 많이 주워 온 날
엔 서로서로 도왔고, 그렇지 않은 날에는 짧은 인사만 하고
는 집으로 획 들어갔다. 그녀는 북아현동에서 아현동으로,
아현동에서 다시 북아현동으로 이사를 했지만 늘 같은 경로
당에만 나갔다. 그렇지만 일을 해야 해서 자주 나가지는 못
했다. 그녀는 늘 열심히 살았다. 풍족했던 젊은 시절엔 자녀
들을 잘 키워보겠다며, 나이 든 지금엔 자신을 스스로 건사
해보겠다며 말이다. 그녀의 노력은 언제 끝나게 되는 걸까,
이 질문 앞에 설 때마다 아득한 기분이 든다.

# 참고문헌

○ 법률

〈건축법〉

〈고령자고용촉진법〉

〈국민기초생활보장법〉

〈국민연금법〉

〈국토계획법〉

〈국토의 계획 및 이용에 관한 법률 시행령〉

〈기초노령연금법〉

〈노인복지법〉

〈노인장기요양보험법〉

〈도로교통법〉

〈저출산고령사회기본법〉

〈재활용품 수집·관리인 지원 조례〉(서울특별시, 2014)

〈폐기물관리법〉

○ 사회조사

〈경제활동인구연보〉(2000~2019)

〈전국폐기물통계조사〉

〈2011 노인실태조사〉

〈2014 노인실태조사〉

〈2016년 3월 경제활동인구연보 근로형태별 부가조사〉

〈2017 노인실태조사〉

〈2020 고령자통계〉

〈2020년 2월 고용동향〉

〈2020년 5월 경제활동인구연보 고령층 부가조사〉


○ 언론사

경기일보, 경향신문, 국민일보, 매일경제, 스크랩워치, 여성신문, 엔터온뉴스, 오마이뉴스, 조선일보, 중앙일보, 충청타임즈, 한겨레, CLO, YTN.


○ 단행본 및 보고서 외

강재성, 2016, 〈"재활용인"들의 시장경제적 자원순환: 고물상의 경험을 중심으로〉, 서울대학교 대학원 인류학과 석사학위 논문.

국가인권위원회, 2018, 〈노인인권종합보고서〉.

김광임·최정석·임현곤, 2007, 〈(제4차)자원재활용기본계획 수립 연구〉.

김수현·이현주·손병돈, 2009, 《한국의 가난: 새로운 빈곤, 오래된 과제》, 한

울아카데미.

김예림 외, 2014,《정치의 임계, 공공성의 모험》, 혜안.

김준호, 2010, 〈거리 노숙인이 생산하는 차이의 공간에 대한 연구: 서울역 거
리 노숙인을 중심으로〉, 경희대학교 지리학과 석사학위 논문.

노명우, 2008, 〈에쓰노그래피와 문화연구방법론〉,《담론201》11(3), 61~
86쪽.

배화숙, 2011, 〈가구유형별 노인의 사회서비스 이용경험과 영향요인 연구〉,
《사회과학연구》27(3), 1~24쪽.

변금선·윤기연·송명호, 2018, 〈폐지수집 노인 실태에 관한 기초 연구〉.

서울역사박물관, 2010,《언덕을 살아가는 사람들, 아현·염리》1~2권, 서울
역사박물관.

서울특별시, 2013,《환경백서 2012》.

서울특별시 기후환경본부, 2014, 〈폐지수집 어르신 사회안전망 구축을 위한
안전조끼 등 용품 구매 계획〉.

_____, 2020a, 〈2020년 주택가 재활용정거장 운영 계획〉.

_____, 2020b, 〈주택가 재활용정거장 운영 개선방안〉.

성북구 복지문화국, 2016, 〈어르신 일자리 공동작업장 추진계획〉.

성북구 어르신복지과, 2018, 〈2018년 어르신 일자리 및 사회활동지원 사업
계획〉.

소준철·서종건, 2015, 〈폐지수집 여성노인의 일과 삶〉.

소준철·이민재, 2016, 〈가난한 노인과 지역 내 자원의 흐름〉.

유기영, 2015,《서울시 폐기물관리체계 A에서 Z까지》, 서울연구원.

윤민석, 2015, 〈서울시 일하는 노인 근로특성과 정책과제〉.

은수미 의원실, 2012, 〈재활용 협동조합과 녹색일자리 정책의 모색〉, 국회 환경노동위원회 국정감사 정책자료집.

이근홍·이화영, 2011, 〈경로당 운영 활성화 방안에 관한 사례연구 : 경기도 경로당사업 관계자의 경험을 중심으로〉,《노인복지연구》54: 165~192쪽.

이기홍, 2009, 〈한국인의 죽음 수용과 종교〉,《조사연구》10(3), 148~151쪽.

이봉화, 2011, 〈관악구 재활용품 수거 어르신들의 생활실태와 개선 방안〉,《월간복지동향》148, 참여연대사회복지위원회: 38~45쪽.

이유, 2015,《소각의 여왕》, 한겨레출판.

이태진 외, 2012,《빈곤정책 제도개선 방안 연구》, 보건복지부.

이현정, 2015, 〈노인 자살위험 집단의 삶의 태도에 관한 연구〉,《노인복지연구》67, 249~276쪽.

정재안, 2016, 〈파지 줍는 노인이 증세 대상인가〉,《월간 고물상》8월호: 9쪽.

조문영 외, 2019,《우리는 가난을 어떻게 외면해 왔는가》, 21세기북스.

조은, 2012,《사당동 더하기 25: 가난에 대한 스물다섯 해의 기록》, 또하나의 문화.

조은·조옥라, 1992,《도시빈민의 삶과 공간 - 사당동 재개발지역 현장연구》, 서울대학교출판문화원.

환경관리공단 재활용시장관리센터, 2018, 〈2018-1호 재활용시장 동향 보고서〉.

환경부, 2008, 〈생활폐기물 수집 운반 처리 대행제도 개선방안 연구〉.

_____, 2019, 〈제1차 자원순환기본계획(2018~2027)〉.

환경부 자원순환국 재활용관리과, "[보도자료] 13. 8. 7(수) 한겨레 신문에 보도된 '고물상이 도시 쓰레기 치우는데 … 미관 해치니 나가라고?' 내용에 대하여 설명합니다.", 2013년 8월 7일.


Bauman, Zygmunt, 2013, *Does the Richness of the Few Benefits Us All*. Cambridge: Polity, 안규남 옮김,《왜 우리는 불평등을 감수하는가: 가진 것마저 빼앗기는 나에게 던지는 질문》, 동녘, 2013.

De Silguy, Catherine, 2009, *Histoire des hommes et de leurs ordures, du moyen-âge à nos jour*. Paris: Le Chereche Midi, 이은진·조인미 옮김, 《쓰레기, 문명의 그림자: 인간이 버리고, 줍고, 묻어온 것들의 역사》, 따비, 2014.

Diamond, Jared, 2012, *The World Until Yesterday: What Can We Learn from Traditional Societies?*, New York: Viking Press, 강주헌 옮김, 《어제까지의 세계: 전통사회에서 우리는 무엇을 배울 수 있는가》, 김영사, 2013.

Illich, Ivan, 1971, *Deschooling Society*. New York: Harper&Row. 박홍규 옮김,《학교 없는 사회》, 생각의나무, 2009.

Joonho Ahn·Jaeyong Lee·Hyeyeon Park·Yangwon Kang·Chungwon

Kang · Youngjin You · Mo-Yeol Kang(2000), The Health Status of Informal Waste Collectors in Korea, *Envionmental Research and Public Health*, 17.

Lefebvre, Henri, 1968, *La vie quotidienne dans le monde moderne*. Paris: Les Éditions Gallimard, 박정자 옮김, 《현대세계의 일상성》, 기파랑 에크리, 2005.

Strasser, Susan. 2000, *Waste and Want: A Social History of Trash*. New York: Henry Holt and Co., 김승진 옮김, 《낭비와 욕망: 쓰레기의 사회사》, 이후, 2010.

Thane, Pat, 2005, *A History of Old Age*, London: Thanes and Hudson, 안병직 옮김, 《노년의 역사》, 글항아리, 2012.


○ 웹사이트

고려대한국어대사전 http://dic.daum.net

끌림 프로젝트 http://cclim.or.kr/default

러블리페이퍼 https://loverepaper.modoo.at

보건복지부 https://www.mohw.go.kr

서대문구의회 https://www.sdmcouncil.go.kr

성북마을 https://sbnet.or.kr

수출입무역통계 https://unipass.customs.go.kr

자원순환사회경제연구소 홍수열 소장 블로그 https://blog.naver.com/

waterheat

자원순환정보시스템 https://www.recycling-info.or.kr/rrs/main.do

자원재활용연대 https://cafe.naver.com/jajaereun

청와대 국민청원 https://www1.president.go.kr

플라스틱 방앗간 https://ppseoul.com/mill

한국제지연합회 https://www.paper.or.kr

환경부 https://me.go.kr

Global Alliance of Waste Pickers https://globalrec.org

# 가난의 문법

**첫판 1쇄 펴낸날**  2020년 11월 30일
**7쇄 펴낸날**  2022년  1월 11일

**지은이** 소준철
**발행인** 김혜경
**편집인** 김수진
**편집기획** 김교석 조한나 이지은 유승연 임지원 곽세라 전하연
**디자인** 한승연 성윤정
**경영지원국** 안정숙
**마케팅** 문창운 백윤진 박희원
**회계** 임옥희 양여진 김주연

**펴낸곳** (주)도서출판 푸른숲
**출판등록** 2003년 12월 17일 제2003-000032호
**주소** 경기도 파주시 심학산로 10(서패동) 우편번호 10881
**전화** 031)955-9005(마케팅부), 031)955-9010(편집부)
**팩스** 031)955-9015(마케팅부), 031)955-9017(편집부)
**홈페이지** www.prunsoop.co.kr
**페이스북** www.facebook.com/prunsoop     **인스타그램** @prunsoop

ⓒ소준철, 2020
ISBN 979-11-5675-851-8(03330)